U0103915

敦煌山水画史

赵声良著

中华书局

图书在版编目(CIP)数据

敦煌山水画史/赵声良著. —北京:中华书局,2022.10
(2023.5 重印)
 ISBN 978-7-101-15767-3

Ⅰ.敦…　Ⅱ.赵…　Ⅲ.敦煌壁画-山水画-绘画史
Ⅳ.K879.414

中国版本图书馆 CIP 数据核字(2022)第 101661 号

本书所用敦煌石窟图片均为敦煌研究院提供,版权为敦煌研究院所有,侵权必究。

书　　　名　敦煌山水画史
著　　　者　赵声良
责任编辑　朱　玲
封面设计　王铭基
责任印制　管　斌
出版发行　中华书局
　　　　　　(北京市丰台区太平桥西里 38 号　100073)
　　　　　　http://www.zhbc.com.cn
　　　　　　E-mail:zhbc@zhbc.com.cn
印　　　刷　天津图文方嘉印刷有限公司
版　　　次　2022 年 10 月第 1 版
　　　　　　2023 年 5 月第 2 次印刷
规　　　格　开本/710×1000 毫米　1/16
　　　　　　印张 10¼　插页 2　字数 150 千字
印　　　数　5001-8000 册
国际书号　ISBN 978-7-101-15767-3
定　　　价　78.00 元

目　录

序

樊锦诗

敦煌石窟在一千年间的营建过程中，吸收融汇了中国和外国，汉族和各民族艺术风格，创造了自成体系的敦煌艺术，代表了 4—14 世纪中国文化艺术的重要成就。敦煌石窟是千年的壁画博物馆和彩塑博物馆，是一部系统的中世纪绘画史和雕塑史，在中国甚至世界美术史上具有不可或缺的重要地位。敦煌壁画博大精深，而且延续千年没有中断，其中的很多内容和艺术都可以形成独自的系统，并对中国古代艺术各方面的研究产生重要的影响。

本书作者赵声良自大学毕业就来到莫高窟，扎根敦煌近 40 年，潜心研究敦煌艺术，取得了丰硕的成果。敦煌山水画的发展历史是他长期研究的课题，他自幼学习书画，对敦煌壁画中的笔法、色彩等绘画技法，以及各时期的艺术风格有着深入的感悟。此前，他撰写的《敦煌石窟艺术简史》按时代发展顺序，简明扼要地总结出了敦煌艺术各时期的风格特点和艺术成就，体现了他对敦煌艺术发展史的宏观把握。这本最新著作《敦煌山水画史》则是从绘画史的角度，对敦煌壁画每个时代的山水画作深入分析和探讨。

敦煌石窟本来是作为佛教信徒修持和礼拜场所而开凿的，因此，壁画都是与佛教相关的内容。但是，在描绘佛教内容的同时，画家总是要画出山水图像作为背景，这种对山水描绘的重视，反映了中国传统审美精神。因为山水画在中国古代绘画中有着重要的地位。魏晋南北朝以来，山水画已经出现，此后，山水画逐渐成为中国绘画中最主要的内容。唐宋以来涌现出了大量杰出的山水画家以及山水画作品，成为中国绘画史的重要篇章。但是，由于历史的原因，现存的绘画作品（卷轴画）多为五代宋元以来的作品，唐朝和唐朝以前的山水画作品极为罕见，而敦煌壁画中大量的山水画迹就成了我们研究中国南北朝至隋唐山水画史的主要依据。

这本《敦煌山水画史》不仅通过敦煌壁画丰富的材料揭示了北朝、隋、唐、五代、宋、西夏、元各朝代中国山水画在石窟壁画中发展、演变的脉落，而且还结合历史文献或考古实物研究，与历代山水画家的风格特征进行比对，把敦煌山水画的发展纳入中国山水画史的长河中来考察，一方面使我们看到敦煌丰富的山水画资料是对中国山水画史的重要补充，因为有了敦煌壁画的山水画，中国山水画史更为完善；另一方面敦煌壁画山水画体现了中国传统山水画的审美精神。敦煌壁画把中国传统的山水画艺术有机地融入佛教绘画中，把中国传统的审美精神与佛教思想融合起来，这是对佛教艺术的创新，也是对中国传统绘画的推动。

今天，敦煌学发展方兴未艾，敦煌石窟这一伟大的文化遗产越来越体现出其独特的魅力。作为分类绘画史的研究成果，《敦煌山水画史》的出版，也必将推动敦煌艺术研究更加广泛深入地发展。希望有更多的学者来研究敦煌艺术的方方面面，让更多的读者了解中国古代绘画的丰硕成就，以及蕴涵其中的传统审美精神。

叙　论

对山水景物的欣赏，可以说是中国传统审美意识中一个最有特色的方面。中国自古以来就强调人与自然和谐相处，绘画中往往喜欢把人物放在一定的山水背景中来表现，寓情于景，也是文学艺术中最流行的手法。

据《尚书》《周礼》等记载，三千年前的周王室曾把山岳图形绘在礼器和国王的冕服上，以示对自然神的崇敬①，这大约是文献记载中最早的山岳图像。秦代，由于军事和政治的需要，首次将山岳、河流绘成地图。东汉时盛行用星宿、山川的图形装点祠堂和墓室。当然这些装饰性图案还算不上山水画，但它足以表明中国人热爱自然山水是由来已久的。

山水审美思想的深入人心，与文化人的山水观是密切相关的。孔子曾说："智者乐水，仁者乐山。"②他从山水中看到了高尚的人格。孔子的山水观对后世产生了深远的影响。庄子的美学则强调对自然界的观赏，他说："山林与，皋壤与，使我欣欣然而乐与！"③抒发出山林原

---

① 《尚书正义》卷五："予欲观古人之象，日、月、星辰、山龙、华虫、作会宗彝、藻、火、粉米、黼、黻、絺绣。以五采彰施于五色作服，汝明。"（《十三经注疏》第141页，中华书局，1980年）孔安国注：绘五彩也，以五彩成此画焉。宗庙彝尊，亦以山龙、华虫为饰。《周礼·春官·司服》："冕服九章，登龙于山……初一曰龙，次二曰山……皆画以为缋（绘）。"（《十三经注疏》第781页，中华书局，1980年）

② 刘宝楠《论语正义》第127页，中华书局，1957年。

③ 《庄子·知北游》，郭庆藩《庄子集解》第765页，中华书局，1961年。

野给予人的畅快之情。如果说这些文化学者的观点还带有较多的哲学意味，那么从《诗经》等文学作品中所描述的情与景，则可以感受到先秦时期人们对于自然空间形成的美感的认识。如：

> 蒹葭苍苍，白露为霜。所谓伊人，在水一方。
> 溯洄从之，道阻且长。溯游从之，宛在水中央。
>
> ——诗经·秦风·蒹葭

这首脍炙人口的古诗里，一句"在水一方"，意境十分深远。因为在水的一方，由这种距离而产生的若即若离的美感，让人回味无穷。在屈原的《离骚》《九歌》等诗中，同样可以看到写景的诗句，通过风景来表现思想情感。汉代乐府诗中也有大量以景来寄托作者情感的诗句。如：

> 青青河畔草，郁郁园中柳。盈盈楼上女，皎皎当窗牖。
>
> ——古诗十九首·青青河畔草

> 涉江采芙蓉，兰泽多芳草。采之欲遗谁，所思在远道。
>
> ——古诗十九首·涉江采芙蓉

我们从这些文学性的描写中，似乎可以看到一幅幅富有田园气息的风景画，从这些风景中也看到了人物，是人物与景物相互交融，富有情趣的画面。这种因山水景物与人物感情交织在一起所形成的美感，在中国传统的审美意识中受到特别重视。对自然空间表现的喜爱与追求，可以说是中国绘画传统中的一个突出特征。在这种审美追求中，文学产生了山水诗，绘画产生了山水画。而且，山水画到宋元以后成为了中国绘画的主流，这是中国绘画与西方绘画的一个重大区别，反映了东方审美意识注重人与自然和谐一致的特点。这种审美观在绘画中凸现出来，即使是外来的佛教艺术也深受影响。

魏晋时期，社会动荡，政治黑暗，很多文人厌倦了政治，归隐山林，寄情于山水之间。于是，对山水自然的欣赏蔚然成风，萌发了山水诗和山水画。当时著名的山水画家宗炳曾写过一篇《画山水序》，其中有"山水以形媚道而仁者乐"[①]的名句，正是对孔子"仁者乐山"思想的发展。东晋画家顾恺之从会稽返，有人问他山川之美，他答道："千岩竞秀，万壑争流，草木蒙笼其上，若云兴霞蔚。"[②]这句对于山水的赞美反映了当时文人流连山水、寄情自然的思想状态，魏晋时期的审美思想与绘画实践促进了中国山水画的兴起。

隋唐时代，山水画已成为独立的画种，并达到了很高的艺术境界，出现了像李思训、王维、张藻[③]、朱审、王墨等以山水画著名的画家。五代以后，山水画便成了中国绘画的主流。由于历代战乱和自然灾害，如长安、洛阳等中原古都及南京、杭州等江南都市的唐宋宫殿名刹大都荡然无存，其壁画真迹也已化为泥土，使我们很难了解唐宋名家作品的具体面貌。所幸的是，远在西北的敦煌为我们提供了认识古代山水画的可靠资料。

敦煌石窟作为佛教的石窟，其中的壁画表现的核心内容是佛像（包括菩萨、弟子、天王等）以及相关的佛教故事等。隋唐时代经变画流行，表现佛国世界的主题成了主要内容。但是，不论是说法图、故事画或者经变画，都或多或少地要描绘其背景——山水、树木和建筑等。于是我们就可以看到敦煌壁画中大量的山水场景，虽然不能说是专门的山水画，但其数量庞大，时代特征明显，实际上展示出了一部自4—14世纪系统的中国山水画史。从中不仅可以观赏到古代的山水画实例，还可以探寻北朝至元代一千年间石窟壁画中山水画发展演变的过程。在印度和中亚一带的壁画中，虽也会画出一些植物和简单的象征性风景，但绝没有如敦煌壁画这样大量的山水画，这反映了中国传统山水审美意识对佛教壁画的强烈影响。

隋唐时代的山水画色彩丰富，技法多样，特别是出现了一些表现光与色的技法，是后来的山水画未能继承下来的。唐人的文献中讲山水，并没有出现"青绿山水"或"着色山水"这样的词，因为当时的山水画都是着色的。到五代以后，水墨山水画逐渐成了山水画的主流，

---

① 《历代名画记》卷六，人民美术出版社，1963年。

② 余嘉锡《世说新语笺疏》第143页，中华书局，1983年。

③ 《历代名画记》等作"张璪"。

北宋以后，画论中出现了"着色山水""青绿山水"这样的词，说明大多数山水画是不用色的，如果用了色，就得专门强调是着色的。唐代那些有名的画家如吴道子、李思训等，他们的主要作品是在殿堂、寺院中的壁画。五代以后，士大夫画家与普通画工由于出身、地位的不同，绘画的审美观以至技法都有很大的差别，宫廷画家们不再到普通寺院作画，中国的绘画分成了两条不同的道路。唐宋绘画的差异性，使宋代以后人们对唐代绘画的认识不全面，特别是在山水画中，水墨画兴起以后，唐代流行的那种青绿山水就渐渐受到冷淡。宋元明清各时期都有仿唐的所谓"青绿山水"，由于材质、画法等方面存在较大的差异，实际上与唐人的青绿山水相距甚远。在唐代画家们的作品基本上失传了的今天，人们对唐代或更早时期山水画的认识就显得十分不足。

总之，山水画是中国传统绘画的重要方面，在相当长的时期内，中国绘画中都是把山水列为第一。而在千百年的绘画发展中，从山水画产生的魏晋时代到第一个兴盛期唐代，虽然山水画名家辈出，但不论是东晋的顾恺之还是唐代的王维、李思训、李昭道等众多的山水画名家，都没有可靠真迹保存下来，使那段时期的山水画史成为了空白，而敦煌壁画中的山水画正可以填补这一段空白期。因为有了敦煌壁画，我们对魏晋至唐宋的山水画史可以真正理出一个系统，从而了解这一段时期山水画的变迁。

敦煌壁画中的山水画大体经过了以下四个发展阶段：

早期 从北朝至隋，其间近二百年。敦煌石窟开凿的初期，不论塑像还是壁画都以吸收外来艺术为主要倾向，但同时中国传统的艺术因素也执着地进入了佛教洞窟，对于山水的表现就是例证之一。目前能看到最早的山水图像，出现在北魏洞窟的壁画中，如佛教故事画中布满了山林景物，画面生动而富有想象力，这些山林样式来自汉代绘画的影响，尤其是狩猎场面，与汉代绘画中的狩猎图非常相似。西魏以后由于来自中原的影响增强，山水画面出现了更新的气象，北周至隋代，佛教故事画大量出现，作为故事画背景的山水也表现出真实而自然的山峦、林木等景物。从这些壁画资料中，我们可以考察到山水画在初期阶段的基本状况，与《历代名画记》等画史的记载大体相符。

唐代前期 出现了以整面墙壁为构图的大型经变画，取代了早期横卷式故事画构图，为山水画创作提供了新的空间，气势宏伟的全景式山水画得以展现。不仅在叙事性的经变画中表现出繁复的山水场景，即使在以净土图为中心的经变画中，也表现出自然而和谐的山水风景。画面敷彩由装饰性的色彩相间转为色调统一的青绿山水。造型表现出山峰、断崖、沟壑、坡、河流、泉等多种复杂的地形地貌，并出现了众多的植物品种。在第103、172、217、320等窟的经变中，一些山水风景的场面已具有独立山水画的意味。

唐代后期 中唐以后，山水画沿着青绿山水画道路发展的同时，出现了具有水墨画特征的新因素，在第112窟等壁画中以及敦煌出土的绢画中可以看出这种新的风格。此外，这一时期屏风式壁画的兴起，也促进了独立山水画的发展，并为壁画中立轴式构图开辟了新路。

晚期 包括五代、北宋、西夏、元代。五代以后，敦煌曹氏政治势力衰弱，与中原王朝的关系不如以前那么密切。敦煌壁画的制作也趋向保守，但仍然出现了像莫高窟第61窟的巨幅《五台山图》，这是一铺绝无仅有的以山水画为主体的鸿篇巨制。西夏至元代，敦煌石窟的开凿已进入了尾声。西夏前期壁画继承了曹氏画院传统，但更趋于简淡，山水景物描绘极少。西夏晚期至元代，山水画又出现高潮。在榆林窟第2、3窟出现了山水画的新风，特别是第3窟规模宏大、技艺精湛的水墨山水画，一改过去青绿山水的风格，显示出两宋山水画对佛教壁画的巨大影响。

在敦煌石窟持续一千多年的营建中，每个时代都有山水画迹留下。这些作品在多大程度上反映了当时中国山水画的面貌，则随时代不同而有所不同。北朝后期，中原画风强烈地影响敦煌地区，此时的山水画大致与中原一致；隋唐时代，朝廷努力经营西域，敦煌成了西北经济文化的重要都市，不仅中原的艺术新风能迅速传到敦煌，而且中原的著名画家到敦煌作画的可能性也是很大的。此时的山水画不应看作是边陲地区之作，而是当时具有普遍意义的流行风格。五代以后，中国的山水画发生了深刻的变化，然而，由于中原王朝更迭频繁，政权衰弱，无暇顾及西北，敦煌曹氏也迫于周边的回鹘等少数部族势力，统治范围缩小到了仅沙州（敦煌）、瓜州两州的地域，此时的壁画中山水画因循守旧，缺乏新意，与内地的山水画差距很大。西夏晚期至元代，两宋以来山水画的传统影响及于西北，在榆林窟出现了规模宏大的水墨山水画。

第一章 敦煌北朝至隋代山水画

敦煌石窟开凿之初——东晋十六国时期，正是中国山水画蓬勃兴起的时代，据记载，著名的画家顾恺之、戴逵、宗炳、王微等人都长于山水。然而他们的山水画迹到唐代就已经很难看到了，顾恺之的《洛神赋图》和《女史箴图》虽有摹本传世，但其中有多大程度反映了原作的风貌也很难说。敦煌壁画中的山水图像，则是这一时期留下的最真实可靠的山水画资料，我们从中可以更全面地了解中国山水画萌发期的状况。

通常把敦煌石窟十六国及北朝时期（包括北凉、北魏、西魏、北周时期）作为早期。但从山水画的发展来看，隋朝的大部分洞窟的山水画沿袭了早期的形式，只有极个别的洞窟出现了新风格。所以我们把隋代的山水也作为早期类型来叙述。

第一节　十六国及北朝山水画的变迁

北魏壁画中的山水

北凉石窟中，由于壁画残损太多，难以了解当初是否有山水画的痕迹。目前能看到的山水画迹，最早是在北魏洞窟中的，如第 251、254、257、260、263 窟等。这些北魏洞窟基本上都是中心塔柱窟，多在四壁及中心柱四面的下部画金刚力士，金刚力士的脚下就画出一列起伏的山峦，如第 254、251、248 等窟中，山峦的画法几乎都是近似三角形的形式，一面平滑，一面还有两三道波形线，山头与山头相连或叠压，并分别以红、黑、白、绿、蓝等色染出，色彩在这里仅仅起装饰作用。由于它的形状像连续的驼峰，有的学者把这样的山峦称作是"驼峰式"山峦①。

第 251 窟，四壁下部可以清晰地看到连续的山峦景象。山峦分别染出红、赭或绿色，相邻两个山峦间必有颜色变化，显示出一种装饰性。有的山峦由于褪色，明显能看出山峦内相应有二至三道轮廓线表现其层次（图 1-01）。山峦与山峦相连，并有叠压的关系，显示出绵

---

① 松本荣一最早用"驼峰型"一词来描述汉代的山岳形式特征，见松本氏《正仓院山水图研究（二）》，《国华》第 597 号，1940 年。其后，美国学者沙立文（Michael Sullivan）的《中国山水画的诞生》（日译：中野美代子、杉野目康子，青土社，1995 年）一书也采用了这个词。本书也借用这个词来描述同样的山岳。

图 1-01　莫高窟第 251 窟中心柱下部　药叉与山峦

延不断的特点。山峦中未画树木，也没有画水，大约还是为了突出山
峦上部的药叉形象。

　　莫高窟第 254 窟是紧邻第 251 窟的中心柱窟，其时代也应该较为
接近。此窟同样是在四壁及中心柱四面下部画出药叉的形象，药叉的
脚下，自然就是连续的山峦。但此窟的山峦有了变化：山头与山头之
间可以看出有绿水出现。仔细观察，就发现水与山之间出现了奇妙的

图 1-02　莫高窟第 254 窟西壁　山水

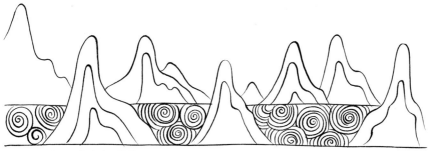
图 1-03　第 254 窟山水（线描）

层次关系：有的山在水的前面，有的山则在水的后面。画家通过绿水与山峦的层次关系，表现出了近景与远景之别（图 1-02、1-03）。在这个细微的山与水的关系中山水的空间便由此产生了。

除了画在药叉脚下的山峦外，第 254 窟南壁佛教故事画萨埵本生和北壁的难陀出家因缘故事画中都出现了山峦形象。难陀出家因缘中，在画面的下部，画出一列山峦，其表现形式与药叉脚下的山峦一致。本窟西壁中央的说法图中，则在佛龛上部画出一列山峦，似乎要表现佛在山中修行的状态。从山峦的表现来说，也还是与药叉脚下的山峦一致。在萨埵本生故事画中，山峦的表现有了更多的变化。由于萨埵本生所讲的故事就是在山林中展开的，画面不可避免地要表现山峦。把人物故事在一个画面中展示出来，显得画面较拥挤，人物与山峦之间尚未表现出空间感。画面中的山峦依然没有脱离药叉脚下那种连绵的山峦形式，只是按山峦轮廓描绘出一重重山。但在如此拥挤的画面里，画家还是仔细描绘了山势的层次和山中的动物。

第 254 窟的故事画保持了较多的外来样式，即用一幅画面表现多个情节和场景，画面较为拥挤。这种情况在第 257 窟则有了较大的改变，此窟采用了中国式的长卷画面来表现故事情节。从南壁到西壁、北壁，共有三个故事，依次为沙弥守戒自杀、鹿王本生、须摩提女因缘故事。

南壁的《沙弥守戒自杀》故事画，开头部分表现小沙弥剃发出家及师父给沙弥讲法的情景，画面左侧表现山中有一个圆拱状禅窟，一位高僧坐在一个四足凳上，沿画面上部的山峦又朝水平方向向右延伸，画出一列山峦。长老坐在山岩之间，前面一和尚正为小沙弥剃度（图 1-04）。画家试图通过上部与下部山峦的位置来反映远近

图 1-04　莫高窟第 257 窟南壁　沙弥守戒自杀故事

的关系。

　　西壁画出著名的《鹿王本生》故事画。在表现九色鹿从河里把溺人救出等场面中，描绘出山峦和河流。在长卷式画面的下部是长长的一列山峦。画面的左侧因烟熏而模糊，但仍能看出一条河自左上部向右下侧流下，河水用线描出波纹，并以青绿色晕染。河中的九色鹿背负溺人向岸边走去，沿河两岸各画出一列斜向排列的山峦，画面的中部也画出几列斜向的山峦（图 1-05）。与河流的作用相同，这些山峦也表现出纵深的空间感。山峦还有另外一个作用就是在横长的画面中分隔出一个个场面，用于表现故事发展的一个个情节。这是北朝故事画构图的基本形式。山峦依然还是连续的驼峰式山峦，但由于组合关系改变，按斜线排列，一排排斜向的山峦，实际上分隔出了相应的空

图 1-05　莫高窟第 257 窟西壁　鹿王本生故事（局部）

间。于是山水的空间环境关系就体现出来了。

在北魏的山峦中，树画得较少，《鹿王本生》故事画中，仅在山峦旁边画出一些小花草，没有出现树木，但在《沙弥守戒自杀》故事画的结束部分，画出了一棵大树，画得较概括。表明在山水画诸要素中，树木的表现发展得较晚。

本窟西壁至北壁的《须摩提女因缘》故事画中，没有画出连续的山峦，但是画出了一个较为复杂的建筑结构，有墙垣环绕的一栋房屋，左侧是有着四层楼阁的高楼，中间表现一座大殿，右侧还可看出高楼。围绕房屋的墙垣以平行四边形的形式画出，内部的楼阁均表现出正面与侧面，这种表现多少有点形式化的特点，但建筑本身的空间观念已表现出来。这个故事的重点是应须摩提女之请，佛与弟子们浩浩荡荡由天而降的情景。其中有一位佛弟子的乘骑是山岳，五座山峰载着这位佛弟子，腾空飞来。巨大的山峰是用山头堆积的办法，与平列的驼峰式山峦的结构也大体一致。

西魏壁画中的山水

北魏后期，孝文帝大力推行汉化政策，南方的文化艺术便大规模地影响到了北方。在洛阳发现的北魏孝子棺画像石刻中，也出现了新的山水树木表现手法。北魏末至西魏，魏宗室东阳王元荣出任瓜州刺史，随着元荣家族从中原而来的中原山水画新风也传入了敦煌。莫高窟第249、285窟的壁画就体现出了中原传来的新风格。

1. 以须弥山为中心的山水世界

西魏的第249窟是一个覆斗顶形窟，窟顶四披除了画出阿修罗外还画出了中国传统神仙东王公、西王母的形象。阿修罗王的身后是高大的须弥山（图1-06）。须弥山的形状很独特，上部较大，下部较小。在须弥山上有一些宫殿，那就是帝释天所居的忉利天宫。须弥山下有大海，阿修罗王双脚站在大海中，但大海没有淹过他的膝盖。这些充满神话色彩的内容，使山水也增添了几分神奇。

须弥山，梵文拼写为 Sumeru，是佛教世界里十分重要的山，也是反映佛教宇宙观的一个重要方面。记载有关须弥山的佛经很多，其中最为详细的是《长阿含经·世纪经》《大乘阿毗达磨集论》等等[1]。据佛经记载，须弥山是一个小世界的中心，其周围有七层山，四方有人间生活的"赡部洲"等四大洲，下面则是地狱。须弥山上有帝释天所居的忉利天宫。在须弥山的山腰住着四大天王，他们守护着佛国的国土。这样看来，须弥山是一个完整的佛国世界，其中包括着"欲界""色界""无色界"，而"欲界"里则是生命不断轮回的世界。

---

① 除以上的经典以外，记述须弥山的还有《大楼炭经》、《起世因本经》（以上均见《大藏经》第1卷）、《正法念处经》（《大藏经》第17卷）、《立世阿毗昙论》（《大藏经》第32卷）等。

图 1-06　莫高窟第 249 窟　须弥山

须弥山是产生于印度的佛教宇宙观，可是在印度却看不到须弥山的造型。克孜尔石窟第118窟绘有须弥山图[1]，这是一座上下宽、中央细的山岳，在上部两侧分别绘有日、月，山腰有16条蛇（或龙）缠绕；山峰是由一个个菱形小山组合而成；山两侧画水，表现大海，左右各有一条龙的龙头浮现在海面上。在中原地区，云冈石窟北魏第10窟的门上，也可以看到浮雕的须弥山形象（图1-07）。山的形状是由一个个如驼峰状的山形连续而成，上部较宽，中部较窄；山腰上有两条龙环绕着；山外没有描绘大海，但在山两侧有两身菩萨双手合十而跪，整座须弥山的造型与克孜尔石窟第118窟极为相似。从四川省成都市万佛寺出土的浮雕中，也可以看到南朝的须弥山形式。这是梁代（6世纪前半叶）的作品[2]（图1-08）。这件浮雕中，须弥山的形象也是上广下窄，其右侧描绘出阿修罗的形象。在山腰上还有四大天王，并有龙缠绕着山腰。山峰整体的形象与汉代以来的博山炉的形式很相似。

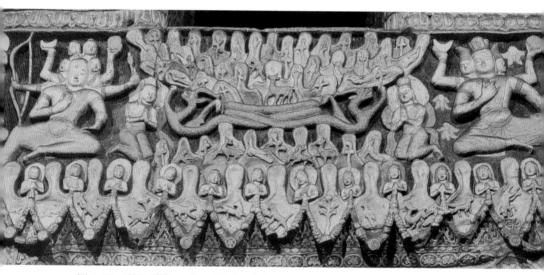

图1-07　云冈石窟第10窟　须弥山　北魏

　　[1]　Albert Grunwedel, *Altbuddhistische Kultstatten in Chinesisch-Turkistan Berlin* 1912, Druck und verlag von georg reimer.

　　[2]　参见赵声良《成都南朝浮雕弥勒经变与法华经变考论》，《敦煌研究》2001年第1期。

图1-08　须弥山雕刻　成都万佛寺出土　梁

　　须弥山形象的出现，与当时流行的神仙思想有关。在佛教传入中国的初期，人们往往把佛教思想与神仙思想混为一谈，佛教圣山与神仙的仙山也被同等看待。东晋王嘉的《拾遗记》就有这样的记载："昆仑山者，西方曰须弥山，对七星之下，出碧海之中，上有九层，第六层有五色玉树，荫翳五百里，夜至水上，其光如烛……"[①] 这里明确地把昆仑山与须弥山等同起来，其中对昆仑山的描述（如"出碧海之中"），也与壁画中的须弥山一致。这种看法是比较有代表性的，因为不仅仅是须弥山的形象，还有中国神仙伏羲、女娲、东王公、西王母等形象都出现于佛教壁画之中（详后）。所以，当时的画家借普通人十分熟悉的神仙所居的昆仑山形象来表现佛教的须弥山，便自然会产生

　　① 　王嘉《拾遗记》卷十，中华书局，1981年。

某种亲近感了。

酒泉丁家闸 5 号墓（东晋）墓顶也画出了东王公、西王母的形象，这正是汉代以来流行的升仙思想的主题。在汉代的墓室或祠堂里，表现东王公、西王母十分流行。值得注意的是，西王母通常都是坐在昆仑山上，而昆仑山的形象，往往是上部广，中部细，像一个高足杯，下部有时画一列山峦，这是汉代以来流行的昆仑山表现形式，丁家闸 5 号墓顶壁画中的西王母即坐在这样的昆仑山上（图 1-09）。

图 1-09　西王母与昆仑山　酒泉丁家闸 5 号墓

莫高窟第 249 窟窟顶壁画与丁家闸 5 号墓顶壁画有很多相似之处，都在顶部一侧描绘东王公，一侧描绘西王母，而在四披下沿画出连续的山峦。只是莫高窟第 249 窟壁画中的东王公和西王母不是坐着的形象，而是乘车前行的样子，这大约是南北朝时期的新样式。

令人兴味盎然的是不仅东王公、西王母的内容与酒泉丁家闸 5 号墓的壁画非常一致，而且在覆斗顶四披下部描绘山峦的构成形式也完全一样（图 1-10）。当然，在墓室壁画中，是以墨线为主来描绘的，

图 1-10 莫高窟第 249 窟窟顶南披 西魏

具有更浓厚的传统绘画特点（图 1-11），敦煌壁画中则以青绿重色来表现（图 1-12）。第 249 窟（包括第 285 窟）窟顶壁画中的山水，比起北魏时期的故事画来，这里的空间更大，山水树木得到更为自由的表现。对山头的晕染则往往通过同类颜色的深浅变化来表现山峦的层次，这种深浅相递变化更富有装饰性。

1-11 丁家闸五号墓壁画 山峦

图1-12　莫高窟第249窟　北披下沿山峦

在敦煌石窟中，除第249窟以外，第428窟（北周）、第427窟（隋）等窟卢舍那佛的法衣上均绘有须弥山。隋代第302、303窟的中心塔柱均按须弥山的形式塑造，上部为倒圆锥体，作出七层阶梯形，由上而下逐渐缩小，各层均贴影塑千佛（大部已失），下部为方形坛基。在上部圆锥体与下部连接处，有四条龙缠绕。唐代以后，在弥勒经变里描绘须弥山则成为普遍的作法。

北魏时代，敦煌石窟中心柱窟四壁和中心柱四面的下部都画出山峦形象。如果把整窟当作一个佛教世界来看，四壁的上部画天宫伎乐，天宫就象征着弥勒世界的兜率天宫；中部大部分画面绘出千佛；下部则画出了金刚力士——佛国世界的守护神。而金刚力士脚下都有山峦，象征着佛教的须弥山（图1-13）。或许正是基于这样的须弥山思想，

图1-13　中心柱窟下部山峦示意图

形成了洞窟里山峦的独特表现。

　　比起北魏的山水来，莫高窟第 249 窟窟顶以须弥山为中心的山水，表现得无限丰富多彩。虽然同样是平列一行的山峦，但几乎每一个山头上都画出了树木，山上的林木与空中的云气相呼应，充满了动感。特别是树林中有大量的动物活动其间，更显得生机盎然。如窟顶北披东侧表现一群野猪在向前奔走（图 1-14、图 1-15），窟顶南披还画出一匹狼追逐着小鹿，小鹿惊恐地奔向山岗。这些动物活动于山林之间，所以近景的山峰往往与远景的山峰相对峙，形成了一定的空间远近关系。

图 1-14　莫高窟第 249 窟窟顶北披　野猪与山林

图 1-15　第 249 窟窟顶南披　山峦与野兽

2. 山岳与狩猎图

第 249 窟的窟顶壁画中描绘的动物及狩猎图引人注目。一个猎师骑着马，回身正拉弓对准向他追来的猛兽；另一个猎人则持枪追逐着前面的动物（图 1-16）。佛教主张慈悲而反对杀生，狩猎要杀死动物，似乎与佛教的教义相悖。但壁画中出现狩猎图，与山水狩猎图的传统有关，战国时代的青铜器以及汉代以来的博山炉、画像石画像砖中，有很多表现狩猎图的实例。如河北省正定县出土的西汉金银错狩猎纹铜车饰，表现山峦及野兽的活动，尤其是狩猎的场面，描绘一人骑马回身弯弓射箭，而后面的猛兽紧追不舍（图 1-17）。日本东京艺术大学也收藏有一件类似的金银错狩猎纹铜车饰，其中也有同样的狩猎图。陕西省凤翔县出土的西汉画像砖（图 1-18），画面分出三条横长形带状图案，每一层都有山峦呈波状起伏，上面两层山中描绘各种动物，下面一层描绘骑马的猎人追逐野兽的场面。吉林省辑安通沟的魏晋壁画墓中描绘的狩猎图，一个乘马的猎师回身弯弓，向身后的奔鹿射击，画面下部一猎师骑马飞奔，正向前方的野兽射箭（图 1-19），这样惊

图 1-16　莫高窟第 249 窟　狩猎图

图 1-17　金银错狩猎纹铜车饰　西汉　河北省正定县出土

险的场面，与汉代的金银错狩猎纹铜车饰中的形象十分一致。这些作例都反映了狩猎这一形式是作为山岳风景中典型的场面被普遍表现的。

图 1-18　山岳纹画像砖　西汉　陕西省凤翔县出土

图 1-19　辑安通沟壁画墓　狩猎图　东晋

在绘画或雕刻中表现狩猎场面，是很多民族早期艺术中的常见题材。西亚的亚述王国在公元前8世纪的尼姆鲁德宫殿雕刻中，表现较多的内容就是狩猎。直到萨珊波斯时代，在不少金属器皿的雕刻中，仍可看到狩猎形象（图1-20）。在狩猎图中，骑马者回身射箭的形式成为一种经典样式，经常出现于雕刻、绘画或装饰物中，研究者把这样的射猎形式称为"帕提亚式射箭"，或称"波斯式射箭"。在中国汉代以后绘画、雕刻中频频出现的狩猎图中，如前述金银错狩猎纹铜车饰、辑安通沟壁画和敦煌第249窟的壁画中的射猎形象，均与帕提亚式射箭十分相似。但也有学者认为中国的狩猎图有自己的体系，与帕提亚射箭形式有别。由于西亚的实物相对来说时间跨度较大，作品也

图1-20　波斯狩猎纹银盘　5世纪　大都会博物馆藏

不成系统，相比之下，中国从汉代到唐代各时期均有狩猎图的作例。说明尽管狩猎图有可能最初受到西亚的影响，但在长期发展中，已形成了中国的特色，而且往往与山水的表现相关。魏晋以后，狩猎图作为山水风景的有机组成部分，与山水画一道进入了佛教壁画之中。莫高窟第 249 窟、285 窟的窟顶都绘有山峦风景，在这些风景中同时描绘出猎师们弯弓射箭的场面。此处的狩猎场面已成为风景表现的一种定式，在当时的人们看来，有山水风景就必然要有狩猎图，于是就忽略了其杀生内容与佛教教义相抵牾之处。

3. 神仙世界与佛国境界

西魏第 285 窟根据窟中的文字题记，可知其开凿于西魏大统四年和大统五年，可以说是受中原风格影响的典型洞窟。此窟的窟顶绘画与第 249 窟有某种相似性，即表现天国世界。第 249 窟是以佛教的须弥山为中心，表现了包括东王公、西王母的神仙世界，而在虚无缥缈的佛国世界与神仙世界中，把较为现实的山林动物等画出来，以增添其可感性。第 285 窟的窟顶则完全表现的是中国传统的神仙世界。在窟顶东披，画出了伏羲、女娲的形象，以伏羲、女娲为中心，窟顶四披均表现云气飞扬的天空景象，其间有中国传统的雷神、电神、飞廉、开明等神兽以及持幡的仙人与飞天等等。窟顶东披中央以摩尼宝珠为中心，画出伏羲、女娲相对而行的形象（图 1-21、1-22），伏羲与女娲皆人首兽身，上身着大袖襦，衣带飘扬，伏羲在右，双手持规；女娲在左，一手持矩，一手持墨斗。二者胸前皆佩圆轮，虽因年代久远，圆轮中的形象已模糊不清，但参照汉代以来的习惯，伏羲胸前圆轮中当画三足鸟，象征日，女娲胸前圆轮中当画蟾蜍，象征月。

伏羲、女娲在中国传统神话中是开天辟地之神。目前所见伏羲、女娲的形象，最早见于汉墓壁画和画像石，伏羲、女娲皆上半身为人形，下半身为蛇身。通常在伏羲的身上有圆轮（或者把圆轮画在伏羲的身旁），圆轮之内有飞翔的金乌，是为太阳；女娲身上也有圆轮（或绘于身旁），圆轮内有树和蟾蜍，是为月亮，与汉赋中所记"伏羲麟身，女娲蛇躯"的记载相符。在伏羲、女娲身旁分别画出日、月，象征着这一对神与日、月的关系。在四川崇庆出土的东汉画像砖中，也

图 1-21 莫高窟第 285 窟窟顶东披

图 1-22 莫高窟第 285 窟窟顶东披 伏羲女娲

有表现伏羲、女娲形象的，伏羲和女娲皆上半身为人形，下半身为蛇身，伏羲一手托着日轮，一手持规，日轮中有三足乌；女娲一手托月轮，一手持矩，月轮中有蟾蜍和桂树。把日、月托在手上，更明确了这一对神即日、月之神。东汉时，伏羲、女娲的形象已基本定型，并影响及于魏晋乃至隋唐。在敦煌、酒泉、嘉峪关等地区发现的魏晋墓中，也有一些伏羲、女娲的形象。如嘉峪关一号墓出土的棺盖上就有漆画伏羲、女娲形象，形象与汉画中一致，伏羲、女娲均为人首蛇身，胸前有圆形的日轮月轮，伏羲持规，女娲持矩[①]。而敦煌佛爷庙发现的西晋墓壁画砖中，伏羲、女娲相对绘于两块画像砖上，伏羲上半身为人形，一手持规，胸前大圆盘中有黑色的飞鸟（三足乌）；女娲一手持矩，胸前的圆盘中有蟾蜍（图1-23）。伏羲、女娲下半身均为兽身，虽有蛇尾，却两足分立。莫高窟第285窟中的伏羲、女娲形象，与敦煌佛爷庙出土晋墓的伏羲、女娲形象一致，反映了敦煌本地艺术传统的特色。

图1-23　伏羲女娲　敦煌佛爷庙西晋墓壁画

第285窟窟顶的下沿均绘满了山水景物。这样的布局与第249窟相似，但山水的表现方面更为丰富多彩了。此窟是一个大型多室禅窟，禅修是一个十分重要的主题。禅窟的结构是平面呈方形，南北两壁各开四个小禅室，用以坐禅修行。这一形式源于印度的毗诃罗窟。此窟正壁佛龛两侧各塑出一身禅僧像，强调了禅修这一主题。此外，在窟顶四披的下沿，绘出了在山中修行的禅僧形象，合计达35身，这些禅僧都端坐在山中的草庵内。草庵与草庵之间是奇崛的山岩、流水，山

　　① 甘肃省文物队、甘肃省博物馆、嘉峪关市文物管理所：《嘉峪关壁画墓发掘报告》，北京：文物出版社，1985年。

中树林茂密，野兽出没其间（图1-24）。这里树木的表现较有特色，往往是一丛一丛茂密的树林，树叶连成一片，像一顶大大的帽子，罩在山峦上部，具有浓厚的装饰意味。

图1-24　莫高窟第285窟窟顶东披　禅僧与山水

　　第285窟南壁的《五百强盗成佛图》，描绘的是五百强盗作乱，后被官军抓获，把他们的眼睛刺瞎并放逐山林，由于佛的慈悲感化，他们皈依佛法，终于得救。这是一个长卷式画面，横贯此窟的南壁。由左至右，先后描绘强盗与官军作战；强盗被俘，被处以挖眼极刑；强盗们被放逐山林；佛为强盗说法；强盗皈依；强盗们修成正果。画面按时间顺序表现各个场次，具有连环画的效果。总的构图来看，以宫殿为中心分为两个部分，前半部分描绘第1-2情节，着重表现两个场面，一个是宏大的战争场面，一个是在国王的宫殿前对强盗的处罚，以巨大的宫殿建筑表现出空间的层次感（图1-25）。后半部分描绘出五百强盗在山林中活动及听佛说法的情节，用斜向排列的山峦分隔出一个个空间（图1-26）。斜向排列的山峦，在北魏第257窟的《鹿王

图 1-25　莫高窟第 285 窟南壁　五百强盗成佛图（局部）

图 1-26　莫高窟第 285 窟窟顶东披　禅僧与山水

本生故事画》中已出现，但此窟的山峦表现更为具体而丰富。大量出现了摇曳多姿的杨柳，亭亭玉立的竹林以及很多不知名的树木，使山水景物变得丰富多彩了（图1-27）。树木种类增加，是本窟山水画的一大特色，不再像北魏时期山水中象征性的表现树木，而是可以明确看出一种树木的特征。此外，画家还在山峦和树林的旁边画出水池，池中碧波荡漾，水鸟嬉戏其间，别有情趣。山中因为有了动物而显得生动，水中有了水鸟，也显得活泼起来（图1-28）。此时的山水画已逐步完善了。

图1-27　莫高窟第285窟南壁　五百强盗成佛图（局部）

图 1-28　莫高窟第 285 窟南壁　水池与水禽

　　莫高窟第 285 窟的山峦画法有一点小小的变化，北魏以来山峦大体上是沿山的轮廓线进行叠染，分出层次，即使是西魏时期的 249 窟也是如此。而第 285 窟的山峦则是按水平线进行叠染。竹林在几处画面中出现，令人想到魏晋时期中国文人意识。魏晋以来正是由于文人们崇尚山林自然，山水诗、山水画便开始流行起来。著名的"竹林七贤"，便是当时文人的代表。在这种风气影响下，对山水自然的审美成为了时尚，绘画中也形成了独立的山水画。第 285 窟壁画中的山水画正是在这种风气影响下产生的。

北周的山水画

　　北周的洞窟形制既有北魏以来流行的中心柱窟，也有从西魏之后流行的覆斗顶窟。但是，北周的中心柱窟比起北魏的中心柱窟显得简略了一些，洞窟中央的方形塔柱四面均为单层龛，不再出现上下两层龛的形式，洞窟前部的人字披顶也不再有斗栱之类的装饰。有的洞窟还保持着四壁下部和中心柱下部绘药叉的习惯（如第 290 窟），但却仅画药叉，而不再画药叉脚下的山峦了。第 428 窟则仅有中心柱四面的下部画了药叉（没有山峦），在四壁的下部则画三角形的垂角纹饰。于是，北周壁画中的山水较多地集中在故事画中。

　　北周的横卷式故事画高度发达，作为故事画背景的山水也得以大量表现。第 428 窟的《萨埵本生》和《须达那本生》便是代表之作

（图 1-29、1-30）。《萨埵本生》故事画描绘萨埵太子与兄弟一起去山中出游时，见到饿虎，心生慈悲，于是用自己的血肉喂给虎吃，救活了饿虎。《须达那本生》则描绘太子须达那倾国库施舍人民，又将镇国之象施给了婆罗门，终于触怒了国王，将他逐出国外，于是须达那太子携妻带子入山中修行。这两铺故事画都是以三道横长的画面相连

图 1-29　莫高窟第 428 窟东壁南侧　萨埵本生故事画

图 1-30　莫高窟第 428 窟东壁北侧　须达那太子本生故事画

续，详细地表现故事内容，作为背景画出了连绵不断的山水和树木。山峦的画法是一个个山头斜向连续，在横长的画面中形成波浪式的起伏，同时把画面分隔成一个个小小的单元，按时间顺序条理清晰地把故事描绘出来。山头用石青、土红等色平涂，看起来是为了表现一种装饰性，山峦只不过是舞台上的一种道具而已，并不是写实性的表现。另外，这些错落起伏的山峦从画面整体来看，还表现出一种韵律和节奏的美来，使横长的画面显得活跃而充满生气。树木穿插于山峦之中，表现各种不同的样式，如婆娑摇摆的柳树，挺拔的杨树，枝繁叶茂的槐树等。特别是东壁南侧的《萨埵本生》故事画中，描绘萨埵太子的两个哥哥看到太子已舍身饲虎的情景后，快马加鞭地赶回宫中报告父王，这一情节，背景中树木也随着两人骑马奔跑而向前倾倒（图1-31），表现在风中摇曳的树木，十分生动。

图 1-31　莫高窟第 428 窟东壁南侧　萨埵本生（局部）

北周第296窟南北两壁及窟顶都画出了佛教故事画。绘于南北两壁的《须阇提本生》和《五百强盗成佛》故事画，分别为通壁的长卷式画面，故事按时间顺序由右至左（或由左至右）发展。这两幅画中，山峦画于画面的下部，仿佛仅有装饰的意义。《须阇提本生》故事画中，树木十分茂密，而且树都很高，顶满了横卷式的画面，自然就起到了分隔故事情节的作用（图1-32）。而在此前的壁画中，主要还是由连续的山峦来分隔画面。由于树木画得高大，人物则相对地画得较小，人物与景物的比例更加协调了。

图1-32 莫高窟第296窟北壁 须阇提本生故事（局部）

第296窟的窟顶四披，分别画出微妙比丘尼因缘、善事太子本生以及福田经变等故事，均以两层长卷式画面表现。其中如善事太子本生故事，表现山与海、宫殿楼阁、园林等背景，展示了画家表现人物、景物、空间的特色。

第299窟的窟顶北披绘《睒子本生》故事画，描绘了睒子在山中侍奉父母，却不幸被进山打猎的国王误射而死，由于睒子的孝行感动了帝释天，终于被天人救活。这幅画面在窟顶藻井的边缘，由窟顶西披的北

图 1-33　莫高窟第 299 窟窟顶　睒子本生故事

侧到北披直到东披的北侧（图 1-33）。画面呈"凹"字形，其主要情节放在北披中部，表现睒子在泉水边取水，被国王误射的场景：茂密的树林中，一条小溪流过，睒子在溪边取水，画面左侧国王及侍从骑马奔驰而来。一边是幽静而安详的山林，一边是奔驰而来的人马，这一动一静的对比，烘托出一个富有戏剧性的气氛，完美地表现出这个动人的故事。色彩浓丽的山水画则作为故事画的舞台背景，显示出了十分重要的作用。

莫高窟第 290 窟窟顶人字披两披画出佛传故事画，东披与西披各分 3 段，共 6 段画面相接，完整地表现释迦牟尼从出生到成佛的过程，全画共 87 个情节，是早期壁画中内容最丰富的故事画。在这个长卷式画面中，虽然也较多地出现山峦的表现，但主要还是靠房屋和树木作背景，尤其是房屋建筑，成为分隔画面的主要手段。通过斜向的屋檐，既显示出一定的空间感，也使画面避免较多垂直线形成的单调情形（这一点在隋朝壁画中得到发展，将在后文叙述）。色彩柔和而淡雅的树木配合其间，刚柔相间、虚实搭配，使画面的背景变得丰富多彩（图 1-34）。

图 1-34　莫高窟第 290 窟人字披东披　佛传故事画（局部）

第二节　隋代的山水

隋朝的时间较为短暂，但由于政治上的大一统，结束了中国南北朝数百年的分裂局面，在艺术方面很快融汇了各地的艺术风格，为唐代艺术的繁荣奠定了基础。隋朝短短的三十七年内，在敦煌营建了近百座洞窟，壁画的风格也呈现出急速发展变化的倾向。

敦煌地处西北，在北朝时代，接受中原或南方艺术风格影响较迟缓，天水麦积山石窟在西魏时期的第127窟已出现新型的经变画构图及山水画风，响堂山石窟也在北齐时代出现了新的经变画形式，南方的四川则在梁代已可看到新型的经变画空间处理方法。而在敦煌，新型的大画面经变画则是隋代才出现。伴随着经变画的流行，山水景物的表现发生了根本的改变。不论从石窟壁画的构成还是山水画的发展来看，隋朝都是一个重要的转变时期。此后，随着丝绸之路的繁荣，敦煌的文化发展逐渐与中原同步，从敦煌壁画的变化即可看到内地艺术的变迁。

长卷式画面中的山水风景

1. 莫高窟第 303 窟

北魏时期流行的在洞窟四壁和中心柱下部四面画药叉，并在药叉的脚下画出山水景物的形式，到了北周已减少，即使有药叉出现，但已不再画山峦了。到了隋朝，这种在四壁下部画药叉的形式基本上不再出现。莫高窟第 302 窟、第 303 窟都是中心柱窟，但与北朝以来的中心柱窟不同，洞窟中央的中心塔柱，上部为倒圆锥体，上大下小，沿圆锥的边缘排列着一层一层的影塑佛像（现已不存），下部为方形塔座。据相关研究，塔柱的上部形式象征着须弥山。这样的中心柱窟形式，在莫高窟仅此两例。第 302 窟的中心柱四面下沿还可看到药叉的形象，但已不再画山峦，四壁下部则画供养人形象。第 303 窟四壁的

图1-35　莫高窟第303窟南壁　山水

下部，却表现出连续的山峦树木的画面（图1-35），这个位置正是早期石窟用来描绘药叉的地方，而在第303窟，却并没有画药叉，仅仅表现山峦和树木。画面仍然沿袭早期壁画中的装饰山峦风格，即前述的驼峰式山峦，只是在山的轮廓线内增加了一些晕染，以加强山的立体感和层次感。树木也是平面排列，树木较高大，顶满了画面，这是北周以来长卷式画面中已形成的样式。树林中还画出鹿、羊等动物，或在觅食，或在奔跑，表现出山林自然的气息。树林的表现也很有趣味，有的整齐排列，有的则枝干弯曲，呈现出如舞蹈般的动态。树叶大都具有装饰性。驼峰式的山头也体现出不同的形态，山峦的用色简淡而和谐，除了赭红色以外，就是黑色、白色。山峦上由深到浅的着色方法，似乎类似于后来的"皴法"。在洞窟中单纯表现山水景物的长卷画面，在北朝至隋朝的壁画中，可以说是绝无仅有。莫高窟第303窟在壁画风格上与周边的第302窟、第304窟、第305窟完全一致。第302窟有开皇四年题记，第305窟有开皇五年题记，可知第303窟也应建于开皇初年，代表了隋代早期的风格特征。

第303窟的窟顶前部人字披的两披均画《法华经·观世音菩萨

普门品》的内容。《法华经》自南北朝到隋唐十分流行，特别是其中的《观世音菩萨普门品》深受信众喜爱，往往单独拿出来读诵，称为《观音经》，而壁画中也相应画出了大量的观音经变。画面以长卷画表现，窟顶西披主要描绘观音菩萨现身说法的场景：每一画面表现一殿堂，其中观音菩萨化为不同形象（或如来形、或天王形、或比丘形等）为信众说法。殿堂之外有山峦、树木等景物，与建筑相配合。窟顶东披除了部分与西披内容一致，还画出了观音菩萨救苦救难的场面。如表现遇火难、水难、罗刹难等，就有较多空间来表现自然的山水等景物。表现水难的场面，画出一条河流，由右上方流向左下方，其间有很多莲蕾，有人乘小船在河中，仿佛是乘船游览于河中的样子。旁边的罗刹难，则表现出较为险恶的场景：几个凶神恶煞的罗刹鬼围着一只小船，船中人员恐慌万状。表现大海则用卷涡纹表现水的波涛（图1-36），这种表现方法有些程式化的倾向，在隋朝其他洞窟的同样题材中也有类似的表现。

图1-36 莫高窟第303窟窟顶人字披 山水

开凿于开皇四年的第302窟与第303窟相邻，绘画风格也完全一致。此窟的人字披顶上画出了横卷式故事画《萨埵本生》和《福田经变》，也是用长卷式画面来表现。作为故事的背景，以赭色的山峦、绿色的树木分布在素面的墙上，显得质朴而简淡。这一时期不像北朝故事画那样把人物形象挤满画面，而是留出了一定的空白，画面上部还有天空中飞翔的小鸟，这些富于想象力的表现，使画面产生了一定的空间感。

2. 莫高窟第419、第420窟

隋代故事画继承北周的传统，依然用山水树木作背景。但山水树木在画面中所占的比重越来越大，人物相对来说画得较小。到了隋代中期，一种色彩厚重、描绘细腻的壁画风格开始出现，以第419窟、第420窟为代表的壁画使我们看到隋代在山水风景画表现中的新气象。

莫高窟第419窟形制比较特别，平面为长方形，窟顶前部为人字披顶，后部为平顶，西壁开一佛龛。人字披顶本来是北朝时期中心柱窟的基本形式，但本窟并未出现中心柱，仅保留了顶部的人字披形式。这个人字披顶特别大，东西两个披面均绘长卷式故事画。东披上部绘《须达拿本生》故事，占了上部三段，下部一段为《萨埵本生》故事画；西披分三行，上部两段绘《法华经譬喻品》故事，下部一段绘《萨埵本生》。这几组故事画都是按长卷式画面分段画出来，但上下段之间没有整齐划一的分界线，因此山峦、树木、房屋的描绘往往有超越到上段或下段的情况，这倒形成了背景之间的自然状态。东披的《须达拿本生》故事基本上是按情节发展线索画出的完整故事。第一段由右至左，第二段由左至右，第三段由右至左，共绘出 26 个情节[①]。同一内容在北周第 428 窟已经出现，同样是用三层横卷画面连续表现，共画出 17 个情节。而在第 419 窟不仅情节增加了许多，而且细节的表现更为详细，画面中的人物神情风貌更加生动。东披和西披的故事画中山水、树木、房屋在空间方面有了更丰富的表现。宫廷建筑，往往都画出二重殿堂式建筑，其外还有围墙，并通过围墙形成的折线，体现出一种进深感。对建筑中屋脊、斗栱等细节的刻画，甚至对悬挂于屋檐的窗帘及装饰物都表现得细致入微。山峦主要以青绿重色晕染，山头形状也多变化，避免了早期山峦那种连续的三角形山头的单调状况。横长画面中的山峦高低错落，其中有些山崖画得比行进中的人马要高，使峰峦具有高低错落之势，有的还体现出近景山峦与远山的关系。部分山的轮廓线外还描绘植物，以细线勾出草丛状，并染出不同的颜色，使山体变得具有厚重感（图 1-37、图 1-38）。树木是隋朝壁画中较有特色的内容，一般都画得较高，在横卷式画面中，往往顶满了上下的空间，形成茂密的树林的氛围。而且有很多树木十分写实而具体，大体可以看出竹、梧桐、银杏等树叶的特征。

---

① 参见李永宁《敦煌石窟全集·本生因缘故事画卷》，香港商务印书馆，2000 年。

图1-37 莫高窟第419窟窟顶东披 须达拿本生故事（局部）

图1-38 莫高窟第419窟窟顶东披 萨埵本生故事（局部）

莫高窟第 420 窟是一个覆斗顶形窟，在窟顶四披以长卷画面形式画出法华经变的内容。虽说是经变画，表现形式仍然是长卷式故事画的形式，因此，我们暂时把它作为故事画样式来分析。当然与北朝时期那种严格按横长画面结构来表现的故事画有所不同，就是在某些场面中，画家往往会打破这种整齐的画卷形式，进行一点改变。如第 420 窟窟顶东披的观音菩萨普门品内容中，有观音救水难、救罗刹难的画面，其中表现的河流和大海，都占了两道横卷的位置，北披表现佛涅槃的场面，也同样占了两道横卷的位置。画家根据内容，对画面的灵活处理，既突出了部分内容，也改变了长卷式画面单一的形式。而《观音普门品》中对蜿蜒而下的河流表现，还体现出一种由远及近的空间感（图 1-39）。

北朝时期的长卷式画面往往为表现故事进程，对山水背景画得都比较简略。而隋朝的故事画则表现得较为细腻，往往针对某些内容，通过山水背景营造出一个个生动的场景。在第 420 窟窟顶西披表现法华经变群鸟听法的场面中，佛坐在高台上说法，前面有很多鸟伸长脖子在聆听佛法，山丘后画有水池，水池中也有很多水鸟面佛静听，佛的身后是长长垂下的柳树，环境优美，衬托出佛法的庄严（图 1-40）。显然不仅仅是为了叙述故事，画家更注重把一种自然环境的气氛传递给观众，使壁画更富有艺术感染力。

第 419、第 420 窟的故事画中，可以看出房屋建筑大量进入到故事画的背景之中。从佛经故事的内容来看，除了在野外山林中的故事外，还有很多情节是发生在宫殿建筑内的。由于建筑的作用，突破了横卷式构图的约束，由建筑物的转折而形成了蛇行线，把画面分成一个个单元，构成一种独特的空间。山水风景中，山峦通常都是圆弧的形状，而建筑则往往是直线和角形，山峦与建筑相结合，直线与弧线相结合，使画面刚柔相补，丰富多姿。建筑物的增多也使画家更注重人物与景物的比例关系，隋代绘画在比例方面比起北朝的故事画来有了重大的进步。

第 419 窟、第 420 窟故事画中，在山峦的上部往往画出一层绿色的植物，就像一顶帽子一样，在其中画出细密的线条，如草，如苔。山峦重叠时，层次就变得非常丰富。这一手法，一直影响到唐代壁画

图 1-39　莫高窟第 420 窟窟顶　河流

图 1-40　莫高窟第 420 窟窟顶西披　群鸟听法

中的山水表现。这两窟的山峦都用石绿、石青、赭石以及多种颜色混合染出。由于时代久远，变色十分严重，特别是底色大部分都变成深褐色，使人不容易看清其内容，但当初应该是十分绚丽灿烂的。

3. 莫高窟第 423 窟

莫高窟第 423 窟窟顶东披画的是《须达拿本生》故事。画面中似乎已经看不到通常那种整齐的二道或者三道横卷的形式，全画面以连续的山峦构成一个个不规则的圈子，每个圈子中表现的是一个场面，上部由左及右，每个场面都是以宫殿建筑为中心；下部由右及左，表现须达拿太子被逐出宫，不断地把车、马、衣服等施舍给人，最后生活在山林之中（图 1-41）。《须达拿本生》故事在北朝晚期到隋代十分流行，除了莫高窟壁画之外，内地发现的很多造像碑中也时常可以看到这一内容，说明其在当时是人们所熟知的佛经故事。这样，比起对这一故事内容的详细解说来，画家更注重的是在这个故事画中充分展示建筑与山峦在画面构成中的视觉效果。通过连续的山峦可以将壁面分隔成不同大小的空间，而这些场面又是相互联系或者说是具有连续性的，观众仿佛可以按山势的走向寻找出故事发展的过程，于是，空

图 1-41　莫高窟第 423 窟窟顶东披　须达拿本生故事

间结构与时间走向便统一起来。可以说第 423 窟壁画的作者是一个极富于创造性的画家，他改变了三段式横卷画面的结构，而这种改变源于试图创造一种"大画面空间"的想法。所谓"大画面"的空间，就是在壁画中把相关主题所涉及的场面表现为一个大的整体性空间，观者仿佛在一个无限高的地方俯瞰这样一个空间，洞悉其中的一切活动。这就是沈括在《梦溪笔谈》中所说的"以大观小"的特点。

说法图与经变画中的山水树木

隋代的说法图中，也出现了大量的树木。北朝以来，说法图通常是在中央画出佛的形象，两侧依次分别画出菩萨、弟子等形象，上部是飞天。隋代的说法图往往在佛的身后或两侧画出很多枝繁叶茂的树木，形成了树下说法的格局。当然大多数树木难以辨认其种属，因为当时并非对景写生，往往是根据画面装饰的需要来描绘的。第 244、第309、第 311、第 390 等窟中（图 1-42），都可以看到说法图中各种各样的树木，千姿百态，目不暇接。如果说在故事画中的树木主要是配

合山峦而画出的，那么在说法图中，树木则要考虑与人物的比例关系，所以往往画得很高大，于是树干、树枝、树叶等要素就刻画得更为具体了。有一部分树木还可以辨认出特征来，如松树、柳树、梧桐等。第311窟北壁的说法图，表现两株高大而枝叶茂密的树，从枝叶下垂及叶子对生的情况看，很像柳树（图1-43）。

如第276窟南北两壁的说法图中，就可看出树木的具体刻画。北壁的菩萨身后的松树体现出挺拔直立的特点，西壁的树表现出梧桐枝繁叶茂的特征，每一片树叶都用线描具体地勾出轮廓；南壁的树类似槐树，树叶采用"介"字点法。在每一棵树粗壮的树干上，都仔细地画出了树的纹理。

隋朝开始出现较多的经变画。经变也称"变相"，是指综合地表现

图1-42　第244窟北壁　说法图

图 1-43 第 311 窟北壁 说法图

一部佛经主要思想的绘画或雕塑作品。最早的经变产生于南北朝晚期，四川出土的南朝画像法华经变和弥勒经变是其代表①。与之差不多同时，在北方的麦积山石窟第 127 窟（西魏）②和响堂山石窟第1 窟、第 2 窟（北齐）都出现了净土变。说明在南北朝晚期佛教艺术中表现大画面经变画已成为一种趋势。在隋朝急速统一的时代，佛教艺术由内地向敦煌的传播速度也随之而加快。因此，在隋朝到初唐的壁画中我们可以看到经变画由最早的简单构成向复杂构成的变化，反映出经变画形成和发展的一个过程。隋朝壁画中流行的经变主要有维摩诘经变、弥勒经变、药师经变、阿弥陀经变等。通过人物排列、建筑与山水背景的表现，画家们在各方面探索大画面经变画的各种可能性，弥勒经变和药师经变主要以殿堂建筑为中心进行布局，维摩诘经变则以维摩诘和文殊菩萨对谈为主要场景，有建筑，也有水池和树木作背景。阿弥陀经变则是以净水池为中心来进行布局。

从隋朝敦煌壁画的维摩诘经变形式来看，除了第 423 窟构图为一座殿堂之中，维摩诘与文殊菩萨对谈的形式外，大多数为佛龛两侧分别表现维摩诘和文殊菩萨，构成对称表现的形式。以第 420 窟为例：在西壁佛龛两侧的上部，北侧描绘维摩诘在殿堂中凭几而坐，周围有侍从若干（图 1-44）；与之相对的是龛南侧，表现一座殿堂中，文殊菩萨与维摩诘相对而坐，举手似做谈论状，周围也有侍从若干。以侧面的视角描绘的殿堂建筑，成为画面中的主体，殿堂外描绘水池与莲花。除了维摩诘和文殊菩萨两个主要人物外，殿堂中大部分人物整齐排列，十分拥挤，而画家却以极大的热情来描绘殿堂外面的水池等景物。

第 314 窟的维摩诘经变相对来说表现得较为疏朗，同样为龛外两侧对称式结构，只是在殿堂中分别画出维摩诘和文殊菩萨，而把侍从的菩萨、天人以及听法的僧人、俗人都画在殿外。大殿前席地而坐的

---

① 赵声良《成都南朝浮雕弥勒经变与法华经变考论》，《敦煌研究》2001 年 1 期。

② 关于麦积山石窟第 127 窟的时代，大体有两种意见：其一认为是西魏（此观点见：天水麦积山石窟研究所《中国石窟·天水麦积山》文物出版社，1998 年），其二认为是北魏（此观点见：张锦秀《麦积山石窟志》，甘肃人民出版社，2002 年）。本书采用西魏说。

图 1-44　莫高窟第 420 窟西壁　维摩诘经变

信众，以及花草及供养具等，表现出一定的空间关系。大殿后部还露出树木的上半部分。显然这样的画法反映了画家对空间表现的重视。

　　莫高窟第276窟是一个覆斗顶窟，西壁佛龛的两侧分别画文殊菩萨和维摩诘像。仅仅通过两人对谈的画面来表现维摩诘经变，是莫高窟唯一的一例。文殊菩萨和维摩诘的身后都画出山岩和树木，这样的风景从西壁延续到南北两壁。如北壁西侧菩萨的旁边，最下部是一个山坡，上部画出坚硬的岩石，顶部岩石向右翘出，显得很险峻。岩石用赭红线条勾勒，有的部分染出石青和赭红色，表现出岩石的阴阳向背。在岩石上还画出一些树木（图1-45）。西壁南侧的文殊菩萨身后也画出岩石与树木，下部是小山坡，上部是险峻的峭壁，配合轮廓线，用赭色晕染表现出一定的质感，山崖上还绘出一些树和藤蔓（图1-46）。这些画法与北朝以来的山岩画法完全不同，不再停留在对山峦的概括性笼统的描绘，而是把山岩作为近景来刻画，强调岩石细部的质感。

小　结

　　敦煌北朝至隋代壁画中的山水画迹表明，山水画在萌芽期经历了较长的探索过程。其间，东晋南朝山水画家的创作，随着中原艺术的西传而影响到敦煌。所以，在西魏、北周、隋代的壁画中，可以看到山水画技法在不断地进步，也展示了山水画空间表现的发展轨迹。魏晋以来中国画家们对山水画空间表现的探索，无疑促进了大画面空间表现技法的提升，并在隋唐之际取得较大的成果，这不仅为山水画创作打下了基础，也使当时最为流行的佛教经变画构成走向了完善。

图 1-45　莫高窟 276 窟北壁　山岩

图 1-46 莫高窟 276 窟西壁 山岩

第二章 敦煌唐代前期山水画

按敦煌石窟的分期，唐代包括初唐、盛唐、中唐、晚唐四个阶段。从山水画的绘画风格来看，可分为两个阶段：唐前期和唐后期。初唐至盛唐为唐前期，处于青绿山水发展的一个兴盛期；中唐、晚唐为唐后期，既在一定程度上保持唐前期的风格，又出现了一些新的因素。

唐前期，唐王朝积极开拓西域，敦煌就成为了控制西域政治军事的要地。随着中国与西域诸国的频繁交往，处于丝路要冲的敦煌已成为一个佛教文化的中心，长安、洛阳的艺术风格很快就能传到敦煌，敦煌壁画的发展差不多与中原同步。文献中记载的长安、洛阳一带佛教寺院壁画的经变画等内容，绝大多数都能在敦煌壁画中找到，说明当时敦煌壁画艺术与中原寺院壁画艺术密切相关。当时，吴道子、朱审、韦偃等画家曾经在寺院壁画中画出了独立的山水画。敦煌虽然没有出现完全独立的山水画，但如第 217、103、148 等窟壁画中的山水画已具有相对独立的意义了。另外在一些经变画中出现的小景画面，山水图景也具有独立山水画的效果。总的来说，唐代壁画中山水画分量大大增加了，而且在技法上也越来越成熟，山与树、景与人的比例都逐渐协调，对山、石、树木细部刻画深入。包括近景、岩石肌理、树木的枝、干、叶等等的描绘，早已脱离了早期那种象征性的处理方式而具有一定的写实性。特别是对于空间的处理，已表现出较为成熟的远近空间关系。而更重要的是画家已利用山水景物来烘托出意境，表现宏大的空间感。从这些山水壁画中，我们可以大致推知唐代李思训一派"青绿山水"的风格。同时，还可以感受到唐代多种山水画风并存的状态。

第一节　故事画中的山水

唐代以后，石窟里流行大型经变画，早期那种本生、因缘和佛传故事画描绘得很少，但在一些洞窟里也画出了生动有趣的故事画。比起早期壁画来，故事画的格局发生了很大的变化，作为背景的山水画也相应地产生了很大的变化。首先是突破了那种横卷式构图的传统模式，采用大空间的表现手法，山水不仅仅是分隔画面的工具，而是作为风景来描绘了。其次，在人与山水风景的比例方面，也逐步走向成熟。在故事画方面比较有代表性的有第431窟、第209窟、第323窟等。

第431窟是一个中心柱窟，始建于北魏，初唐在中心柱和四壁的下部重绘了壁画。其中南、西壁下部绘"十六观"内容，北壁绘未生怨的故事，均为观无量寿经变的内容。通常在观无量寿经变中，中央画净土图，两侧以条幅的形式分别画"十六观"和未生怨的故事（详见本章第三节）。但此窟的故事画形式较为特别，北壁的未生怨故事采用了横长画卷的形式，但与北朝以来的长卷式连环画不同，全部故事都在一座很大的宫殿建筑之中来展开，宫墙外面是山崖和树木。故事发展的顺序也不像早期壁画那样按一定的方向连续进行，而是根据画面布局的需要来安排人物情节。这样，背景就可以看作是一幅相对完整的风景图了。特别是表现从俯瞰的角度观察院内的殿堂建筑，以及院墙外的山坡与树木，描绘得相对真实可感（图2-01）。南壁和西壁绘十六观，特别是南壁以屏风的形式画出九品往生的内容，其中的山水、树木、建筑等风景表现得较为丰富和完整。

初唐第209窟南壁西侧、西壁和北壁西侧的故事画，都采用纵向布局的形式，作为故事画背景的山水景物画得很大。在佛说法场景中，人（佛）的形象相对地缩小，可以看出画家在有意摆脱"人大于山"的局面，表现故事内容的同时，也在着意表现山水景物。西壁南侧，右边一重山占了将近四分之一的画面；左边主要画了三重山，其间以曲折排列的树木相连；近处是一条大河。两组说法图，分置于山与山之间，远处画了三座小山表示远景，云霞飘动，显示意境深远（图2-02）。树的形式，主要作为装饰，沿山的轮廓线画出，远处高大，近处矮小，甚至有的如小草一般。大约画家为了突出人物，又要考虑山、树的装饰作用，画树不按比例。这种山和树的装饰性，仍然是承袭了早期山水画的特点，但已注意到了山水景物的空间层次感。色彩上改变了早期那种青绿相递叠染的方法，而用大面积的绿色染出，又以赭色相间，以表现层次。第209窟西壁佛光两侧，还保存赭红色线条勾出的山石轮廓，对照隋代第276窟的山水画，可以看出它们的一致性。大面积的青绿染色，烘染出草木朦胧的效果，使山水意境表现得更加

图 2-01　莫高窟第 431 窟北壁　未生怨故事（局部）

图 2-02　莫高窟第 209 窟西壁南侧　山水

完整。

　　唐前期洞窟中出现了一种佛教史迹故事画，主要表现佛教历史上的一些故事和传说。第 323 窟南北两壁集中表现了一系列的佛教史迹故事画，北壁从西到东分别绘出张骞出使西域图、释迦牟尼洗衣石和晒衣石故事、阿育王拜塔故事、佛图澄的故事、康僧会的故事等；南壁从东到西分别绘昙延法师的故事、东晋杨都出金像的故事、西晋吴淞江石佛浮江的故事等。本窟的时代有人认为是初唐，有人认为是盛唐。笔者认为，从山水画的特征来看，它是属于盛唐的类型。由于变色严重，大部分壁画已经失去本来面目了，但从变色后的痕迹中，仍可窥知当年灿烂的面貌。

　　本窟南北壁中部均画佛教史迹故事画，但画家没有像以前的故事画那样按故事发展的顺序来构图，而是以山水统摄全图，在山水画分隔出的空间里，描绘一个个故事场面，山水画成了壁画构图中首先考虑的问题了。南壁共有三组故事画，画家用两组山脉把壁面分成三段。左侧的山脉呈"之"字形，左下部又有一组小山相呼应。右边一组山脉大体呈"C"字形，环抱故事画，壁画最右侧上部又有一组山崖与之相照应。在两组山脉之间，还有一组山峰耸立，把两组山脉联系起来，这样，两组山脉在横长的画面中形成了稳定的结构，主宰着全壁，使山水联成一气，绵延壮阔。远景的山水则通过曲折的流水相联系，由近景到远景，层次丰富而境界辽阔（图 2-03）。

图 2-03　莫高窟第 323 窟南壁　佛教史迹故事画

本窟山水画最引人注目的是远景的画法。如北壁张骞出使西域的故事画，描绘汉武帝在与匈奴的战争中获匈奴的祭天金人，于是派张骞到西域问金人名号，从而得知为佛，这个内容看来与历史的事实不符。画面中近处描绘张骞辞别汉武帝的场面，人物画得很大，在左侧的山峦中，画出张骞与随从人员渐渐远去的身影，人物越远越小，人与山水比例协调，表现出自然的空间透视感。南壁的"石佛浮江"故事，描绘的是西晋时期，吴淞江中有石佛浮于江面，风浪大作，当地人们乘舟接石佛供奉于寺院，随即风平浪静。画面中表现了三组人物：上部的远景中画出一些人看着闪闪的佛光，指指点点。这一组人物画得最小，只能看出大体形象，看不清面目；中部的一群人在江边遥礼石佛，这一组人物比起远景中的人物来，要大一点；靠下部的近景中，人们迎接石佛的到来，人物画得较大，较具体。这样由远及近，通过江水联系起来，表现出远近空间的关系，山、水、人物的比例都十分协调（图2-04）。由于山水的远近关系趋向合理，大大增强了画面的写实性，同时也使全壁的山水画具有了完整性。看起来对远山的表现是画家的得意之笔，特别是远景中画出帆船，颇有意境。本窟北壁"康僧会的故事"上部表现康僧会从海上来的情节，画出大海中一叶扁舟，隐约可见舟中数人（图2-05）。远山若隐若现，水中泛出天光，山水相映成趣。同样的意境，在南壁的故事画中也可看到，南壁上部远景中有几处画出了小舟，表现了烟雨迷蒙的江湖景色，尽管线色脱

图 2-04　莫高窟第 323 窟南壁　石佛浮江故事

图 2-05　莫高窟第 323 窟北壁　康僧会的故事

落，但是仍可看出近处的波浪和远处的河流，特别是远景的点点帆影，颇有"孤帆远影碧空尽"的意境。由于变色比较严重，山水及人物的轮廓线都看不清了，远山的颜色都变成了黑色，因此有人误认为本窟壁画是"没骨画"，或者甚至认为是水墨画。这是不了解敦煌壁画变色的情况而产生的误解。当时的壁画中都染出了绚丽的色彩，而且，按照唐人绘画的习惯，都是采用线描施彩的办法，并不存在没骨画。

值得注意的是第 323 窟还有几处表现云的场面。本来在早期的壁画中就已出现很多云，但大多是描绘佛、菩萨及天人等乘云来去的场面，那样的云是佛、菩萨、天人等的"乘骑"，带有很强的象征性，并不是自然风景中的云。在第 323 窟北壁中描绘了佛图澄举杯洒酒化为雨，扑灭幽州城大火的神异故事。画面中高僧佛图澄举杯向上，一朵乌云向上升去，上部山峦的后面有一座城，城楼中烈炎升天，上面的乌云化为大雨，倾盆而下。南壁东侧，表现隋代昙延法师祈雨的故事，城内昙延法师坐高台上，正作法求雨，上部的天空中乌云滚滚，向中央聚集。中央部分的云中已降下了大雨（图 2-06）。这些故事虽然充满了神话色彩，但画面中却是按现实中的自然现象描绘出来的。同窟南壁西侧，在远景中描绘出一朵云霞，由于变色，我们无法得知当时是什么色彩，但在远山中的一片云霞，的确是很美的。大火燃烧，烈焰熊熊；

图 2-06　莫高窟第 323 窟南壁东侧　昙延法师祈雨图

乌云翻滚，大雨如注，分别形成独特的风景。唐代画家们很早就注意到并描绘出了这些自然奇观，成为中国绘画史上的珍贵资料。

第 323 窟的山水中，树木的表现也颇有特色。在近景中有枝繁叶茂的大树；在山崖和远景的山丘上画出附着于山体的蘑菇状树丛，有的如草丛一样；在一些险峻的高山上还画出藤蔓垂下。分布在山峰中的这些丰富的植物形式，使画面充满了生机。

第二节　叙事性经变中的山水画

进入唐代，经变画大量出现。大多数经变主要描绘以佛说法为中心的净土世界，我们把这一类经变称作"净土图式经变"。另外有一部分佛经中叙事性内容较多，经变画中也主要表现这些故事情节，我们把这类经变画称作"叙事性经变"。叙事性经变画主要有涅槃经变、维摩诘经变、劳度叉斗圣变等。其中涅槃经变在一定程度上继承了早期故事画的表现方法，主要把故事的发展过程按时间顺序简要地描绘出来。作为背景的山水表现得较多，画家注意到山水的整体布局，利用山水来安排故事情节，许多山水场面就是优秀的山水画作品。第 322 窟、148 窟的涅槃经变就是代表。维摩诘经变和劳度叉斗圣变，都是根据故事的戏剧性，采用左右相对的构成形式来表现的。如维摩诘经变往往在佛龛两侧或者窟门两侧，一边以维摩诘为中心，另一边以文殊菩萨为中心，双方周围都有众多的人物，故事的相关情节则在主要人物周围展开。为了突出主要人物，山水背景的画面相对较少。劳度叉斗圣变也是画出两边对垒的场面：一边是以舍利弗为中心的佛弟子阵营，一边是以劳度叉为中心的外道阵营。双方斗法的情节在较大的山水空间中展开，场面宏大，内容丰富。

莫高窟第 332 窟，除了东壁门两侧的说法图，以及中心柱北壁的说法图等都是以山水画作背景以外，南壁的涅槃经变在辽阔的山水空间中展示经变故事的内容，引人注目。

涅槃经变主要内容是：释迦牟尼预感到自己将要涅槃，就召集弟子进行最后一次说法；弟子们不忍释迦离去，痛苦万分，弟子舍利弗先佛入灭；释迦的母亲摩耶夫人听到消息后，从天宫降下，释迦再次为母亲说法；其后众弟子及信众们为释迦出殡；释迦的金棺自举，飞向城外，然后焚化；当时印度的八个国王为争抢舍利而掀起了战争；后来经调解，均分舍利，各建立佛塔供养。壁画上采用了连环画的办法，按故事发展顺序详细地描绘了这些内容。从右下部开始，由右向左，然后左上部从左到右，依次描绘出 8 个故事情节。但并不像早期的故事画那样用整齐的长卷画面分隔，而是按山水构成自然地布局，扩大了空间感。不过这些表现仅仅为人物活动提供了一个合适的场景，从山水的意义上来讲，并没有着意体现山水境界。虽然如此，山水画的空间表现确实对经变画的格局产生了重要的影响，即改变了早期那种以人物塞满画面的做法，而用山水布满空间，人物主次分明，重点突出。这样，既表现了故事内容，又展示了山川之美。如出殡的场面，众人护持着灵柩在山间的道路上行走，通过山峦表现出道路和转折，也表现出画面的空间感（图 2–07）。

图 2–07 莫高窟第 332 窟南壁 涅槃经变中的出殡图

图 2-08　莫高窟第 148 窟西壁　涅槃经变中的城楼

　　建于大历十一年的第 148 窟，是盛唐后期的规模较大的洞窟，在此窟的巨型经变画中，山水画也体现出空前绝后的水平。特别是在南壁、西壁、北壁画出的弥勒经变、涅槃经变和天请问经变中，成功地画出气势壮阔的山水，空间表现与人物故事情节完美地结合起来，实在是佛教壁画中不可多得的山水佳作。

　　第 148 窟的涅槃经变共画出 10 组画面，66 个情节，人物数百，山水也极其壮观。其顺序先是从南壁西侧开始，由西壁全壁到北壁西侧，主要画面在长达 16 多米的西壁上。西壁的南侧，表现释迦在双树林入般涅槃的场景，画面在空旷的原野中展开，远处有山崖耸立，中部引人注目的是雄伟城楼的描绘，表现拘尸那城。这样高大的城楼与西安附近出土的懿德太子李重润墓壁画中的建筑很相似，虽然莫高窟第 148 窟比李重润墓壁画要晚 70 年左右，但那种雄强的风格是一脉相承的（图 2-08）。由这一组建筑为主体，形成了画面的一个高潮，城门外是一片开阔的原野，远景的山峦绵延相接，一直连到城楼后面，近景的缓坡也在这里交接，景物的远近空间关系表现得十分真切。北壁部分的"分舍利"场面，可以说是这铺经变画的高潮，众多的人物围绕在堆放舍利的台前（图 2-09）。背景的上部，山势表现得十分雄奇，在辽远的原野后面，危崖耸立，其中还画出一片白云把半山腰遮住（图2-10）。画面上部，与青绿重彩的山峦相对的是橙黄色的彩云，仿佛是夕照中的晚霞，具有一种动人心魄的力量。从这铺涅槃经变我们可以看出，唐代壁画表现故事的方式，不是停留在把故事内容图解出来，而是更注意到壁画作为美术的一种视觉感受，充分调动山水画的技法，体现出雄奇壮阔的意境，达到画面美的顶点。

图2-09　莫高窟第148窟北壁　涅槃经变中分舍利场景

图2-10　莫高窟第148窟北壁　山水

莫高窟第 217 窟南壁的经变，与第 103 窟南壁的经变画主题相同，最初定名为法华经变①，后来有学者作了新的考证，认为是佛顶尊胜陀罗尼经变②。这铺经变在绘画方面的特色就是除了中央绘出净土世界外，还在画面两侧描绘相关的故事。特别是南壁西侧，可看作是完整的山水画。如若按法华经变的解释，这便是化城喻品的内容，叙述一群人往一宝地取宝，路途遥远险恶，"迴绝多毒兽，又复无水草"。众人走了很久，苦于道路险阻，不愿再往前行。这时聪明睿智的导师以神通力化出一座城池，让众人进城休息。众人休息好了，化城消失，又继续赶路。法华经用这个故事来象征佛引导众生走向彼岸。但若按佛顶尊胜陀罗尼经变的解释，则是描绘印度僧人佛陀波利来到中国，在五台山遇到文殊菩萨化现为一老人，让他把《佛顶尊胜陀罗尼经》从印度带来中国。于是佛陀波利匆匆赶回印度，把该经带到中国，再度上五台山之事。从山水图景的结构来看，画面的顺序大体是上部从右至左，再从左至右。右上角是危崖耸立，有二人骑马一远一近行进。透过山崖，可见远方曲折流淌的河流，境界辽远。中部两座高峰之间，一道飞瀑涌泻而下，山下的旅人被这大自然的奇景所吸引而驻马观赏，马匹半掩在山后。左部也是一条曲折的河流，在近处被山崖遮断。下面的山峰，悬崖突出，青藤蔓草悬垂。有三人仿佛是长途跋涉而疲惫不堪，一人牵马，一人躺倒在地，一人在水边，欲饮山泉。中间靠右是旅人向一座西域城堡走去，路旁桃李花开，春光明媚。画家渲染了一路曲径通幽、草木葱茏的秀丽景致，正是古代画论中所说"可居"、"可游"的游春图景（图 2-11）。这幅山水画，主要表现了四组山峦：左侧一组山峰刻画颇细，以石绿和浅赭相间染出，峰峦上的树形除了沿用过去那种装饰性的树形外，又相应地描绘了树的枝叶细部，还画了许多悬垂的藤蔓。右侧是潺潺的流水。中部是一组平缓的山丘，与左侧的山崖相映成趣，用很单纯的笔法勾描，平涂石绿色并刻画了不同的树木，花开烂漫，一片春色。右上一组山最引人注目，飞流而下的瀑布，虽已变色，但仍使人感到充满生意，仿佛点睛之笔，是画面

　　① 施萍婷、贺世哲《敦煌壁画中的法华经变初探》，《中国石窟·敦煌莫高窟》第 3 卷，文物出版社，1987 年。

　　② 下野玲子《敦煌莫高窟第 217 窟南壁经变新解》，转引自《美术史》第 157 页，2004 年 10 月。

图 2-11　莫高窟第 217 窟南壁　山水

中最传神之处。左上部的远景，尽管不如前面几组富有特色，但在画面的构图上是必不可少的，它把左侧近景山崖与右侧一组山峦有机地联系在一起，在两组山崖之间还画出一行大雁飞向远方，使山水显得较有纵深感（图 2-12）。

同样题材，盛唐第 103 窟也有成功的表现。这里几乎抛开了故事情节和顺序，独立地表现山水景物。画面主要描绘了两组山崖，相对如阙，左侧崖岩突兀，一涧泻下，岩石上遍布青草翠蔓，颇多奇趣，右侧峰峦与之对峙，山下溪水边，一行人牵象、马，举手观泉。上部远山间，一行人牵象、乘马向前行进，与前面人物相呼应。右侧为一城堡，中间二人拜塔（图 2-13）。这组山水比第 217 窟的构图更集中，笔法更成熟，岩石的勾勒表现出皴笔的效果，表明山水画技法进入了一个新的阶段。

在第 103 窟、第 217 窟的山水画中，画家们充分调动了山水的各个要素，山峰、河流、瀑布、树木、藤蔓等都各得其宜，表现得十分协调，山峰有耸立的危崖，有平缓的小丘，有近景的岩石，有远景的

图 2-12　莫高窟第 217 窟南壁　山水

图 2-13　莫高窟第 103 窟南壁　山水

峰峦。河流也各有曲折，远景河流细细如线，近景中波浪翻滚，还有山崖上喷出的瀑布、泉水，体现出透明之感。树木更是种类繁多，开花者如桃如李，近景中柳树婆娑，松树挺立；悬崖上青藤垂下，草丛茂盛。从野外到城里，人物来来往往。这一切构成了完美的山水人物图。

唐前期的山水画，大多是以细线描出轮廓，然后填彩，用笔一般较柔和，这种方法一直延续到盛唐，如第66窟北壁观无量寿经变西侧"十六观"中的"日想观"（图2-14），第217窟北壁的"十六观"，第445窟东壁南侧山水等都是如此。第103窟南壁的山水画，中部的近景，表现两峰对峙，左侧的山崖上部，危岩欲坠，其间有泉水流出。岩石勾勒的线条挺拔、劲健，体现出质感。右侧的山崖中，运用勾勒、皴、擦等笔法，表现山岩的肌理（图2-15）。这些技法特色，也散见于第445窟北壁、第45窟北壁等山水图景中。对照中原绘画，如陕西唐代李贤墓和李重润墓室壁画中的山水画法，与莫高窟第103窟山水画的笔法非常一致，墓室壁画更显得老练、劲健。但是，在墓室壁画中，山水只作为人物活动的背景陪衬出现，而莫高窟第103窟的壁画

图2-14　莫高窟第66窟北壁　山水

图 2-15　莫高窟第 103 窟南壁　山水

则重在表现山水景致，因而更注意画面的布局与气势、景物的协调与意境，显得完整而统一。

莫高窟第217窟、第103窟为代表的山水画，线描细腻，以青绿色为主，画面绚丽灿烂，这样的山水画也就是画史记载的"青绿山水"。唐代李思训、李昭道父子以画青绿山水著称，《唐朝名画录》盛赞李思训"山水绝妙"、"国朝山水第一"。《历代名画记》说李思训"其画山水树石，笔格遒劲，湍濑潺湲，云霞缥缈，时睹神仙之事，窅然岩岭之幽。时人谓之大李将军其人也。"①《图绘宝鉴》说李思训的画"用金碧辉映，为一家法。后人所画着色山，往往宗之，然至妙处，不可到也。"从这些记载中，我们看到李思训一派山水画的特点在于：一是笔格遒劲，实际上就是注重以线描勾勒；二是金碧辉映，说明注重明亮色彩。这两点也就是青绿山水的一般特点，这样的山水画在唐代是很受欢迎的，所以李思训赢得了那样高的声誉。敦煌壁画唐代前期的山水画在画法上与青绿山水是一致的，莫高窟第217窟约开凿于景云年间，大致与李思训同时或稍晚，受到李思训一派山水风格的影响是很自然的。当然敦煌作为边远地区，壁画难以达到李思训那样的水平，但从中我们也可以探索唐代青绿山水的发展状况。

需要注意的是，唐朝并无"青绿山水"一词，因为唐人画山水，都是青绿着色，没有必要专门说是"青绿山水"。倒是唐代后期出现了水墨画，于是出现了"水墨山水"一词，因为它与通常的山水画不一样了，就要特别提出来。晚唐五代水墨画兴起，到了宋朝成为了主流，宋人画山水大都是水墨的，如果要画青绿山水就需要特别注明，所以宋人的画论里会讲"青绿山水"或"着色山水"。由于五代以后较少出现唐代那种青绿山水，偶有所见，大家都会觉得很新鲜，与水墨山水相比，确有"金碧辉映"之感，于是"金碧"一词也出现了。甚至于有人把青绿山水称为"金碧山水"。至元、明之时，对唐代的青绿山水更为陌生，他们想象着金碧山水，还真的有一些画家在山水中以金色勾线，表现"金碧"之意，以标榜仿古。说明后来人们已经完全不懂得唐朝的山水画了。今天，要了解唐朝山水的原貌，只能从敦煌壁画中去寻找了。

---

① 张彦远《历代名画记》卷九，上海美术出版社，1964年。

第三节　净土图式经变画中的山水

经变画的形式最早起源于说法图，北魏以来的说法图通常是人物众多，画面拥挤。唐代以后人物更多了，但由于画家掌握了表现群体人物的方法，并与山水风景的表现结合起来，不仅不显得拥挤，反而使画面产生一种更加空阔之感。从说法图发展到经变画，除了以建筑作背景外，也常常以山水风景作为背景，丰富了佛说法的场面。雄伟的山水加强了说法场面的庄严感，同时也使经变画在空间布局上呈现出多样化的特点。唐代前期的壁画中，十轮经变、法华经变、弥勒经变等都是以净土图为中心，又画出了山水景物，代表作有第321窟十轮经变，第23窟法华经变，第33窟、第445窟弥勒经变等。此外，如药师经变、无量寿经变、观无量寿经变等，背景中主要表现了净水宝池的宫殿建筑的景色，有的则在两旁的条幅式画面中描绘一些具体的景色，代表作有第220窟、第321窟、第320窟、第172窟等。

净土变中水的表现

初唐第57窟北壁的说法图中，佛、弟子、菩萨共5人，上部画出菩提树，下部是碧绿的水池，水池里画出莲花。于是，一个近乎真实的空间环境连同慈祥亲切的佛、菩萨等形象展现在我们面前。与第57窟大致同时的第322窟北壁的说法图也同样，主要人物是一佛二菩萨，佛的身后有两株高大的树，显然是样式化了的树，或者是芒果树。此外，还画出一些别的树木，包括竹。下部的水池中，莲花盛开，几身小天人坐在莲花上，通过水池中这些莲花、天人，表现出一种由近及远的空间感（图2-16）。当然这样的空间还是有些不自然，画家努力表现净水池的空间距离，但是，佛身后的大树是从水池后面长出来的。而大树是必须作为佛说法的一个近距离的背景来表现的，若从树根部位来推敲，就会产生一种距离上的不真实。但观众已经习惯了佛在树下说法，净水池又作为佛说法的场景——这样的组合关系，并不会觉

图 2-16　莫高窟第 322 窟北壁　说法图

得有什么奇怪。

随着净土宗的流行，在说法图的基础上发展起来的西方净土变在唐前期广泛流行起来，唐朝文献中就记载了两京寺院中很多著名画家都绘制了西方净土变。一般来说，依据净土三经（《无量寿经》《阿弥陀经》《观无量寿经》）所绘的经变，皆可称为西方净土变。但随着敦煌壁画研究的深入，学者们已经把无量寿经变、阿弥陀经变和观无量寿经变区别开来①，但从背景的山水、建筑布局来看，这三种经变大体都有一些共同特征，其中观无量寿经变在净土图的两侧还以条幅的形式画出未生怨故事和十六观想的内容，在一些小画面中，出现相对独立的山水画。

唐代的画家们能够熟练地运用山水来组建宏大的空间，进行复杂的经变画构图。建于贞观十六年的第220窟，南壁画出的无量寿经变便是代表。这铺经变布满了全壁，以阿弥陀佛为中心画出佛、菩萨、伎乐、化生等140多身，这众多的人物有条不紊地安排在宽阔的水池、平台及建筑之中，水池的两侧均有楼阁。画面的前部是平台，平台与水池相连处是华丽的栏杆，在平台上有伎乐天人或演奏音乐，或旋转起舞。水池和平台体现出一种空间透视感来，使画面具有很强的写实性（图2-17）。

在净土图中，七宝水池是一项重要的内容，经变画的中心是水池，佛、菩萨或坐或站在水池中长出的莲花上。水池中又有诸多莲花，莲花中有化生童子，表现的就是佛经所说的进入阿弥陀佛的世界将从莲花中化生。画面上，有的童子已从莲花中长出，正在水中或莲叶上嬉戏，有的仍在莲蕾之中，尚未长出。有的天人正扶着栏杆欲往平台上攀越（图2-18）。这诸多人物，使水池的气氛十分活跃。

除了第220窟以外，如初唐的第321窟、第341窟、第205窟以及盛唐第148窟、第172窟等窟的净土变中，都有对水的描绘：或平静的池水，或略带涟漪的水面，或汩汩溪流，或涓涓泉水，或风起浪涌，或汹涌如潮。第321窟北壁的无量寿经变中，中央是建在七宝水池中华丽的平台，佛和菩萨坐在安置于平台上的莲座上，画面两侧又有高耸的楼阁。平台之间可以看到池水流动，不同位置的水呈现出不同的动态：中央平台两侧与左右平台之间形成水渠，水仿佛从后部流

---

① 施萍亭《敦煌石窟全集·阿弥陀经画卷》，香港商务印书馆，2002年。

图 2-17　莫高窟第 220 窟南壁　阿弥陀经变

图 2-18　莫高窟第 220 窟南壁　阿弥陀经变（局部）

图 2-19　莫高窟第 321 窟北壁　经变中的水流

图 2-20　莫高窟第 321 窟北壁　经变中的水流

下，水流较急（图 2-19）。而画面下部近景中的水，则表现为微风中的涟漪（图 2-20）。从水流湍急到风平浪静，表现水的动态变化，也使全画面生气勃勃，充满了动感。即使是池中微波略泛的水，也可以有多种表现手法，如莫高窟第 172 窟北壁观无量寿经变中，水池里的水仿佛是因为化生童子在其间游动而翻起了涟漪，画家用流畅的曲线刻画出水波的动态（图 2-21）。而同样是有化生童子在水中的场面，第 148 窟的经变画中则表现出另一种状态，仿佛是一条流淌着的河中泛起的波纹（图 2-22）。

《唐朝名画录》有这样一段记载：

天宝中，明皇召思训画大同殿壁，兼掩障。异日因对，语思训云："卿所画掩障，夜闻水声。"

可知唐代李思训画水曾达到很高的造诣，使观者仿佛能听到流水的声音。南宋画家马远的《水图》大约是传世本中流传至今最古的《水图》了。共 12 段，各有名目，如"洞庭风细""层波叠浪""寒塘清浅""湖光潋滟"等等，描绘出水的 12 种不同形态。要是与敦煌唐代壁画相比，大部分形态都可以在敦煌唐代的壁画中见到，而敦煌壁

图 2-21　莫高窟第 172 窟北壁　经变画中的水

图 2-22　莫高窟第 148 窟东壁　经变画中的水

画中水的种类却远不止 12 种。有一些画水的技法，后代已经失传了，如第 172 窟东壁文殊变中，在文殊菩萨和圣众的身后有广袤的山水背景。图中共画出三条河流，由远而近流下，在近处汇成滔滔洪流，左侧是一组壁立的断崖，中部是一处稍低矮的山丘，画面右侧是一组山峦，沿山峦一条河流自远方流下，近处则表现出汹涌的波浪，远处河两岸的树木越远越小，与远处的原野连成一片，表现出无限辽远的境界。河流的表现引人瞩目，特别是近景处波涛汹涌，画家通过线描表现出波浪的动感，同时以色彩的晕染表现出波光的辉映（图 2-23）。这种对波光的表现，则是在宋以后绘画中极为少见的。说明这样的技法后来渐渐失传了。

图 2-23 莫高窟第 172 窟东壁 山水

观无量寿经变中空间的扩展

第 172 窟观无量寿经变中的山水画与别的山水画不同，在重重楼阁的两侧画出山水景物，不是画成高山的样式，而是画出一望无际的原野，其中有河流曲折地流下，画面上部留出部分空白（图 2-24）。由于表现远景，大大扩展了画面的空间，真正体现出了咫尺千里的效果。体现出画家驾驭山水的熟练程度。

盛唐以后，观无量寿经变在中央的净土世界两侧分别以纵长条幅画出"未生怨"和"十六观"内容，成为了固定的结构。在条幅中又分成小方格的画面，表现连续性的场景，形成了名副其实的连环画了。第 68 窟、第 171 窟、第 172 窟、第 320 窟等窟都是较有代表性的。值

图 2-24　莫高窟第 172 窟北壁　观无量寿经变（局部）

得注意的是"未生怨"和"十六观"的上部往往画出山水场景，具有相对的独立性。"日想观"是《观无量寿佛经》中"十六观"之一，所谓"十六观"，就是十六种修行的方法，通过观察自然中的景物如日、水、冰、树等等，进行思惟，由此达到对佛的境界的领悟。日想观即是对落日的观想，并进而使意念进入佛国净土世界。壁画中则通过描绘自然的山水景物来表现这样的观想场面，如第320窟北壁的"日想观"场面，图中左侧是一座峻峭的山崖，山脚下坐着韦提希夫人，正在观看远方的落日；右上角画出一轮西沉的红日及远山；画面中部是淙淙流水。近处的绿树，远处的青山，色彩浓丽，体现出深远的透视感以及清幽的意境（图2-25）。"日想观"的画法在唐代颇为流行，在第172窟北壁也画出了这一内容，画面右侧画出高耸的山崖，韦提希夫人坐在山下，左侧一条河流环绕，上部画出淡蓝色的远山及彩云。青绿色画出远景中的原野，与近景中赭红色的山崖形成强烈的对比，华丽而不流俗。充分显示出唐代山水画的艺术特色。

第320窟北壁西侧未生怨故事的上方也画出了一幅山水，表现的是佛为了拯救频婆娑罗王夫妇，从天而降，为他们说法的情景。画面表现佛如一轮红日升起，两旁是峻峭的山崖，中央画河流及远景的原野，透过雄奇的山崖来看远处辽阔的原野，也表现了一种深远的透视（图2-26）。同样的内容在第172窟南北两壁也描绘出来，画家更注意表现出山重水复的情景，茂密的树木，郁郁葱葱的原野，潺潺流过的河水，意境更悠远。

以山为主体的经变画

经变画中表现的佛国世界，一类是以净水池为中心表现的，有的把说法图放在开阔的水池和平台上展开，也有的以宏伟的建筑为背景来表现佛所居处的殿堂。还有一类则以山峦为主要背景，表现更为广阔的世界。莫高窟第321窟南壁的十轮经变就是以山水为中心来组织经变的[①]，表明山水画艺术对佛教艺术的重大影响。画面以中心对称布

---

① 莫高窟第321窟南壁经变画，史苇湘先生考证为宝雨经变，参见史苇湘《敦煌莫高窟的〈宝雨经变〉》，《1983年全国敦煌学术讨论会文集·石窟艺术编（上册）》，甘肃人民出版社，1985年8月。后来王惠民先生新发现壁画中的题记而考证为十轮经变，参见王惠民《敦煌321窟74窟十轮经变考释》，《艺术史研究》第6卷，2004年12月。今以十轮经变为是。

图 2-25　莫高窟第 320 窟北壁西侧　日想观 　　　　　图 2-26　莫高窟第 320 窟北壁西侧　未生怨（局部）

局，中央的主峰高大雄伟，仿佛金字塔一般（图 2-27）。这种金字塔型的构成，也是唐代山水构成的一种类型。在主峰两侧的山峦中，分别画出一个个小画面，表现经变中的具体情节。作为山的基本形制，山峰的样式仍沿袭早期的形制，但对于山峦的轮廓线以及山与山交汇的地方则有清楚的交代，早期山水画的那种装饰性减弱了，而代之以更具体的写实性描绘。早期的山水画可以说山与人物是分离的，画面上有一种拼合的痕迹，而到了唐代，人与山的关系逐步协调了起来，人物活动在一个个具有空间感的山水环境之中，显示出无比丰富的空间层次。如南壁东侧的画面，表现军队在山中行进，在重山叠岭之中，士兵和旌旗时隐时现，仿佛在山后有千军万马（图 2-28）。

　　莫高窟第 23 窟的壁画主题除窟顶西披为弥勒经变以外，主要内容以法华经变为中心，洞窟从窟顶到四壁都有着严密的设计，壁画通过山水作为联系全窟的背景，同时各个壁面的经变画又形成不同的山水单元。整体看来，就像一个完整的宇宙世界。特别是作为洞窟最重要的壁面，南北壁的画面设计十分精彩，南壁中央表现法华经变宝塔品，

图 2-27　莫高窟第 321 窟南壁　十轮经变

图 2-28　莫高窟第 321 窟南壁　十轮经变（局部）

这是《法华经》的核心内容。通常表现释迦与多宝二佛并坐于佛塔中，《法华经》以过去世的多宝佛来验证释迦牟尼所说之法。画面中央描绘出无比精致的一座楼阁式塔，塔中二佛并坐，塔外菩萨圣众围绕一圈，上部则表现来往于天空的众多佛、菩萨（图2-29）。佛塔和圣众都在彩云环绕中，周围则以远山表现出无限广阔的境界。左侧的化城喻品，表现出一座真实的人间城郭，画面下部及右侧为观音普门品，同样出现较多的世俗人物。人间的自然山水与彩云缭绕的天国世界融合在一起，既有宏大的宇宙空间，又有具体的人间社会。

北壁表现法华经变灵鹫会，画面以佛说法场面为中心，周边也描绘一部分世俗生活的场面，但比起南壁的画面，北壁把说法场面作为近景来表现，佛与菩萨、弟子等形象描绘得更为详细。佛身后是须弥山，山外则以彩云环绕山峦，形成一个圆弧形，使说法场面与边缘的世俗画面分隔开来（图2-30）。如果说南壁的画面是通过远景的设计，把佛说法场面与宏大的宇宙融为一体，那么北壁的画面则是把佛说法场景作为特写，突出表现，把世俗的场景作为配景与中心画面相配合，形成一个对比的空间。北壁说法图周边的空间相对不多，画家仍穿插表现了一些世俗的画面，其中最引人注目的就是雨中耕作的场面（图2-31）：

图2-29　莫高窟第23窟南壁　法华经变虚空会

图 2-30　莫高窟第 23 窟北壁　法华经变灵鹫会

图 2-31　莫高窟第 23 窟北壁　雨中耕作

天空乌云滚滚，大雨如注，一个农夫头戴草帽，赶着一头黄牛在辛勤地耕作，右侧一农夫肩挑担子冒雨走来。在近处山坡侧，描绘农夫一家三口正在地边吃饭。这一特殊的田园图景，生动地展现了农家生活的感人画面。通常山水画多为青山绿水，风光明媚的图景，这样表现乌云与下雨的状态，十分难得。

　　弥勒经变在隋朝的洞窟中已经出现，但主要以殿堂楼阁为中心，表现的是《弥勒上生经》中叙述的兜率天宫等场景。进入唐代以后，往往把《弥勒上生经》与《弥勒下生经》合在一起描绘，上半部分表现须弥山上兜率天宫的场景，下半部分则表现弥勒下生成佛的一系列故事。如第33窟南壁的弥勒经变就是具有代表性的作品（图2-32）。画面中央有须弥山，须弥山在北朝壁画中已经出现：山的形状是中央细，上部大，像一个高足杯。在第33窟壁画中画得更为细腻，山的上部画出了结构复杂的殿堂，表示兜率天宫。中央大殿中画出弥勒菩萨在说法。须弥山下部，可见有绵延的山峦围绕须弥山形成一个很大的

图2-32　莫高窟第33窟南壁　弥勒经变

圆圈，圆圈内有大海和陆地。表现的是一个非常广阔的世界。这山与海的景色，仿佛是从高空俯瞰所见。经变画的两侧分别画出在山水自然中的小景，表现弥勒经所说的诸如路不拾遗、树上生衣、耕种收获、婚嫁等场景。把这些充满人间气息的场面与佛国世界紧密地结合在一起。在视觉上，把远景与近景统一起来，使人感到画面中的人物仿佛活动在无限辽阔的原野中。

须弥山，作为佛教的圣山，在佛经上有相关的记载。自北朝以来也形成了一定的模式，但各时期画家们仍然充分发挥想象力，表现这座奇妙的山峰，并且要在壁画中把这种想象的奇特山峰与生活中所见的山水合理地结合在一起。第33窟的弥勒经变在山水表现上体现出了画家的创新，画家从俯瞰的角度表现旷远而连绵的山峦，仿佛是从宇宙的高度俯瞰地球上的山峦。第446窟等盛唐洞窟中，我们也可以看到类似的表现（图2-33）。这样的表现在当时一

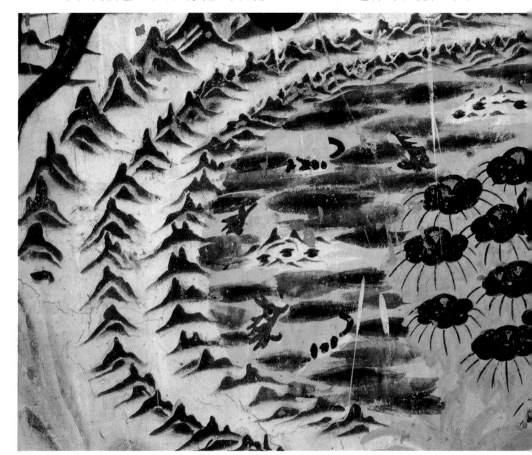

图2-33　莫高窟第446窟　弥勒经变（局部）

定受到人们的喜爱，这种形式在唐代颇为流行。因为中国古代文化中，始终有一种从宏观的空间来观照宇宙的情怀。《兰亭集序》中写道："仰观宇宙之大，俯察品类之盛"，正反映了这样一种精神。

但是，也有一些洞窟的弥勒经变采用了不画须弥山的办法，把兜率天宫画成悬浮在空中的一座城，而把重点放在表现弥勒下生的娑婆世界中城池、耕地等人间生活场面。如莫高窟第148窟南壁的弥勒经变，画面中央上部画出更为宏大的城廓建筑，象征着兜率天宫。天宫周边画出朵朵彩云环绕，表明是在天空中的景象。中央下部则是弥勒三会的宏大场面，两侧画出弥勒经中所讲的相关故事，在山岭、原野中展开，更具有真实感。

小　结

唐代前期敦煌壁画不论是内容还是表现形式都达到了极其丰富的程度，这时的山水画也同样充满了创造性，在表现佛教故事、经变等内容的同时，山水画本身也已达到了构图和技法的高度，体现出极为灵活而又丰富的表现力。在经变画中，我们可以看到山水画在表现宏大构图上的重大成就，特别是在表现佛国世界与人间世界的融合中，达到了非常完美的程度。

唐代山水画在空间深度的表现上，创造了极其丰富的构成形式，宋代画家郭熙讲到了"三远法"，在唐代已经具备。盛唐石窟的青绿山水大多是从中原传来的样式，或丘峦秀丽，绿树环合；或烟霭雾锁、山水迷蒙；或大海扬波，舟楫帆影……这些都不是西北地区的自然风光，但是敦煌的画家们受到内地山水审美意识的深刻影响，自觉或不自觉地把西北的风光融入了青绿山水画中，尽管经过了美化加工，但仍能寻其端倪。如第172窟东壁的山水对于辽阔原野的表现，显然不是南方的自然风光，仔细观察沟壑的特点，就会发现，这种仿佛断裂的沟壑，在西北很多地方都可以看到，敦煌附近就能找到类似的景观，只是由于干旱，现在没有那样汹涌的流水了。而在唐代，莫高窟附近曾有过"左豁平陆，目极远山，前流长河，波映重阁"①的景色，这就为当时的画家们提供了素材，并激发他们的灵感，进而创作出这种富于地方特色的山水画来。

① 莫高窟第 148 窟《唐陇西李府君修功德碑》，录文见于李永宁《敦煌莫高窟碑文录及有关问题（一）》，《敦煌研究》试刊第一期，甘肃人民出版社，1982 年 6 月。

第三章

敦煌唐代后期山水画

781 年，趁"安史之乱"爆发，唐朝西北守备空虚之机，吐蕃占领了敦煌及河西地区，敦煌的历史进入了吐蕃时期。848 年，敦煌人张议潮率众起义，赶走了吐蕃统治者，收复了河西，上表归附唐朝，唐朝政府在河西设立了归义军，封张议潮为归义军节度使，其后张氏子孙世代相袭为节度使。根据敦煌的历史分期，吐蕃时期为中唐（781 ~ 847），张氏归义军时期为晚唐（848 ~ 906）。唐代后期就包括中唐、晚唐，这一时期，敦煌石窟的开凿兴盛不衰，壁画中的山水画艺术也进入了一个新的发展时期。经过盛唐的发展和完善，山水画在中唐以后更加丰富了，几乎每个洞窟都画有山水景物，能够表现山水的地方，画家都尽量画出相应的山水。尽管山水仍然是人物活动的背景，在佛教石窟里始终没有取得独立的地位，但这一时期山水画大量普及，已经成为壁画中不可缺少的部分。一些经变如观无量寿经变、法华经变、金刚经变、楞伽经变等已经形成了与佛经内容相适应的固定的山水模式，盛唐时期取得很高成就的全景式青绿山水画，这一时期得到进一步发展。当然，与此同时也形成了一些模式化的倾向。这一时期屏风画大量出现，形成了山水画构图的新的形式。屏风画本是模仿当时生活中实用的屏风形式而出现的，因此，不可避免地要表现出在实际的屏风中最流行的题材——山水画。所以，壁画中的屏风画里，山水场景成了必不可少的内容。另一方面，水墨画技法传入了敦煌，给壁画中山水画艺术带来了新的气息。这些具有水墨画特征的山水画为我们探索唐代水墨山水技法的兴起和发展，提供了重要的参考资料。唐代后期山水画描绘较多，且有特色的洞窟有第 112 窟、第 154 窟、第 468 窟、第 361 窟、第 369 窟、第 85 窟、第 9 窟等。

第一节　青绿山水的新发展

唐代后期敦煌石窟壁画的内容和布局发生了深刻的变化，洞窟主室南北两壁由唐前期的整壁经变画改为一壁多铺经变画，经变画的数量空前增多了，而每一铺经变画的画幅则相对小了，于是，经变画中的山水画也出现了新的变化，在继承唐代前期山水画精神的同时，一些新的技法产生了，形成了与唐前期不同的面貌。唐前期那种大画面构成的山水画依然在经变画中起着重要作用，直到晚唐的一些大型洞窟壁画，依然在努力保持唐前期那种宏大的布局，如中唐时期榆林窟第 25 窟南北壁的经变画、晚唐莫高窟第 85 窟窟顶四披及南北东三壁的经变画、晚唐第 9 窟和第 196 窟的劳度叉斗圣变等，都体现着结构宏大、构图完整、内容丰富的特色。唐代前期流行的经变题材如观无量寿经变、法华经变、弥勒经变、金刚经变、楞伽经变、报恩经变等，在唐代后期依然十分流行，即使画幅较小，也都基本保持着唐前期那种结构。而如弥勒经变、金刚经变、楞伽经变等则主要以山水为背景布局，都画出颇具规模的山水画。此时，山水画的表现手法却有了一定的变化，即颜色减弱，那种明亮的、华丽的青绿山水的意境逐渐减少了。大量采用中间色的淡赭色，以配合淡墨的勾勒。唐前期多用圆润流畅的线条，到了后期，随着笔法的不断丰富，往往采用转折强烈、粗细变化明显、带有皴法特征的线条，体现出唐代画家强调的"骨法用笔"。可以说，这时的青绿山水是一种新型的青绿山水。随着水墨画的兴起，与之相关的山峦的形式及用笔技法也发生了相应的变化，这一点将在本章第二节讨论。

莫高窟第 159 窟

莫高窟第 159 窟是中唐时期的代表洞窟，主室南北壁各绘三铺经变画，东壁绘维摩诘经变，佛龛两侧描绘文殊变和普贤变。经变画在上部绘出佛国世界和相应的内容，下部则以纵长方形的画面（即屏风画）表现经变中的具体故事。这样的布局在中唐时期洞窟中较为普遍。法华经变通常都是以山水作背景的，本窟的法华变中央整体以彩云围绕，表现佛说法的场景直到上部的二佛并坐说法。画面两侧描绘相关故事（人间社会的场景）。佛说法的背景集中表现了一组山峦，山峰险峻挺拔，有岩石的质感。两侧画面的山势或危崖耸立，或平远缓坡，并与相关的城郭、房屋相结合，画面布局细腻，表现精致。

文殊变和普贤变盛唐时期就已出现，往往在佛龛两侧或窟门两侧相对画出。此窟的文殊变和普贤变人物较多，仅在画面上部绘出山水背景。如普贤变中，左右两侧画出较高的山崖，中央部分表现平坦的原野，这部分仅画出一些稀稀落落的树木，这些树木近处的高，远处的低，排列起来，自然表现出一种由近及远的空间效果（图 3-01）。

图 3-01　莫高窟第 159 窟西壁南侧　普贤变（局部）

莫高窟第 231 窟

　　第 231 窟北壁弥勒经变，上部表现兜率天宫的弥勒菩萨，宫殿建筑布满了画面，形成了与下部分隔的两个世界。下部表现弥勒下生成佛内容，主要在两侧以山水景物作背景，中央则是广阔的原野（图3-02）。画面右侧这一组山峦，着重描绘在两道峭壁之间，有一条河水曲折地流出，近处的河道越来越宽，山脚下绘出修行的草庐。靠近中部一侧的山，有一面缓坡，有几只鹿悠闲地吃草，上部的远山也烘托出辽远的效果。左侧的山峦较平缓，通过河流的曲折线条表现出苍茫的原野，远景中还有几只鹿。对于远景的处理，加强了写实性，表现出深远的意境。比起盛唐第 148 窟的气势壮阔而强烈的气氛来，第231 窟更多地表现出安详而宁静的风格。同窟南壁的法华经变及西壁

图 3-02　莫高窟第 231 窟北壁　弥勒经变

的文殊变和普贤变中都画出了山水画，如文殊变中的山水在文殊菩萨的身后，远方耸立着几座峻峭的山峰，山的峰顶都比较尖，在山峰的顶部以石青色晕染，山峰之间还有白云缭绕。近处的原野上画出树丛，色彩明快。把平远与深远的景色结合起来，富有真实感。

第 231 窟东壁门两侧分别绘报恩经变和维摩诘经变，均以山水为背景进行布局，其中南侧的报恩经变中央表现佛说法的场景（佛国世界），两侧及下部呈"凹"字形的区域描绘经中的相关故事。左侧的鹿母夫人故事中，近处有几只鹿在喝水，远处山重水复，远远的山岗上有一间房屋。山下有水池，池中有莲花。青绿重色渲染出一幅田园风景（图 3-03）。

第 231 窟西壁佛龛两侧分别绘文殊变和普贤变。同样在上部都画出了山水背景。其中文殊变的背景山水表现出耸立的山峰与原野交错在一起，山峰主要以石青表现，半山腰有白云绕过，山峰前有茂密的树林，在近景处还可以看到古树虬枝。原野以石绿与赭石相间表现，山峰则多以石青着色，给人以别样的感觉（图 3-04）。

图 3-03　莫高窟第 231 窟东壁　报恩经变（局部）

图 3-04　莫高窟第 231 窟西壁北侧　文殊变中的山水

莫高窟第 369 窟

　　第 369 窟南壁西侧的金刚经变，主要表现佛在须弥山中说法，周围环绕众多的菩萨和弟子。画面上部主峰耸立于画面正中，两侧层峦叠嶂，与主峰共同构成如金字塔一般的形式，充满了宗教的庄严感（图 3-05）。以山水构成经变画整个空间的背景，在唐前期往往通过众多的小山峦组合而成，而在此窟，画家以连绵一体的宏大山峰构成一个相对真实的背景，反映了画家对山峰表现的进一步成熟。画面上部显得密不透风，真正体现出一种雄强的气势。在主峰两侧分别画出了山中一部分平台，使山崖略有变化，在山峰之间点缀一些绿色的树木。山崖后部露出一些云霞，与远景山水隔开。这一组山峰表现出坚实而略带威压的气势，反映出画家有意通过山水来营造画面的恢弘意境。

图 3-05　莫高窟第 369 窟南壁西侧　金刚经变

图 3-06　莫高窟第 369 窟南壁东侧　经变画中的山水

　　同窟的南壁东侧经变画中，却把中央空出来，表现平缓的原野和台地、丘陵，形成平远的景色。两侧分别画出拔地而起的山崖，以示近景（图 3-06）。这两铺经变画的构图形式，虽然在唐前期已经出现了，但本窟对山峰的表现十分突出，画家通过山峰表现出了佛教的气氛，把山水的境界与佛教的境界统一起来。唐前期的山峰多浑圆，结构舒缓，而这里的山峰多尖峰，较为峻峭。色彩上唐前期那种鲜艳的青绿颜色用得较少，大多仅用赭色染出；线描除了山岩的轮廓线外，还通过一些辅助的线条加强岩石的质感，这些短线条可能就是后来的"披麻皴"或"折带皴"的雏形。线条多用较淡的色彩勾出，有的壁画由于褪色，往往看不到线条了，这是唐代后期山水画的一个倾向。

莫高窟第 85 窟

　　晚唐第 85 窟是一个大型覆斗顶窟，主室进深 10 米，南北宽 9.58 米，洞顶中心高度达 8.09 米。洞窟中央设佛坛，窟顶四披各绘一铺经变、南北壁各绘三铺经变、东壁门南北各绘一铺经变。由于洞窟较大，虽然经变画名目繁多，但并不显拥挤。窟顶四披的经变如弥勒经变、法华经变等，基本上沿袭唐前期的格局，保持着宏大的结构。西披的弥勒经变沿用盛唐以来的结构，中央以须弥山为中心，须弥山上部连接着兜率天宫。须弥山周边围绕一圈山峦，形成弥勒佛说法的主要场地。绵延的山峦外侧表现诸多人间生活的场面。南披的法华经变也采用了类似的构图，中央有连续的山峦形成一个圆圈，象征着佛在须弥山说法。上部则绘出一座楼阁式塔，表示释迦多宝并座说法场面。周围则穿插描绘法华经的诸多场面，山水背景也因地制宜，表现出峰峦、危崖、河流、湖泊等各种景象，体现山水景物的丰富性（图 3-07、3-08）。这一铺法华变有榜题多达 106 条，是敦煌法华经变壁画中内容最多的一铺。

此窟东披的楞伽经变较有特色。楞伽经流行于唐朝，特别受到佛教禅宗的推崇。在莫高窟中唐开始出现楞伽经变，但晚唐画得最多，五代北宋时期仍有出现。第 85 窟的楞伽经变，中央绘一座较大的须弥山，山上有方形城池，表现佛受罗婆那之请，前往摩罗耶山楞伽城中说法的场景（图 3-09）。摩罗耶山也跟须弥山相似，上下大，中间细，

图 3-07　莫高窟第 85 窟窟顶南披　法华经变（局部）

图 3-08　莫高窟第 85 窟窟顶南披　法华经变（局部）

图 3-09　莫高窟第 85 窟窟顶东披　楞伽经变

像一个高足杯，山下的周围表现绿色的大海，海中有龙王出没。这是佛经中所说各类圣山的基本构造。在中央大型的摩罗耶山周围，又画出类似的山峦6座，联系起左右两侧各10铺说法图，表现的是佛幻化出的"十方所有一切国土"，与佛教所说的三千大千世界无限广阔的世界一致。根据佛经所说的无限宏大的空间，促使画家充分发挥想象，表现出一个辽阔的宇宙。作为经变画的核心部分，摩罗耶山耸立于浩渺的大海之中，佛、菩萨的形象相对较小，以突出山水空间的宏大，这样的构图是别的经变画所未见的。通常的经变画要强调佛、菩萨等圣众的形象，只用较少的空间来表现山水背景，不可能有空旷之感。而第85窟的楞伽经变，画家有意营造一个大空间的氛围，使观者感受到宇宙的巨大，可以说把唐代以来宏大构图的精神发挥到了极致。此外，楞伽山下的大海，描绘了海中的怪兽以及海岸山峰等景象，也丰富了山水画的内容（图3-10）。

图3-10 莫高窟第85窟窟顶东披 楞伽经变（局部）

晚唐第85窟东壁门上部画出萨埵本生故事，这个故事是北朝最流行的题材之一，唐代以来单独画出的极少，此窟是作为金光明经变的一个部分（舍身品）画出的（图3-11）。此窟东壁门南侧画出金光明经变，门北侧是维摩诘经变。画家利用门上部这一壁面，采用连环画的形式，描绘出萨埵本生故事，但并没有像早期的那样分段画成长卷形式，而是以山水为骨干，均衡地分布情节，山脉相连，很难分隔开来。山峦的形状由圆润变为坚硬，山头多为角形，注重对岩石的刻画。在色彩上，山峦多以石绿和赭石相间染出，但一些重要的山峰往往用石青，以强调其特别。如在画面中央靠左侧，表现萨埵跳崖的那一座山峰尤其高而险，峰峦上部以石青表现，显得不平凡。

图3-11　莫高窟第85窟东壁门上部　金光明经变舍身品

莫高窟第9窟、第196窟

晚唐的第9窟、第196窟等窟中还画出了通壁巨制劳度叉斗圣变（图3-12）。这是表现佛弟子与外道劳度叉斗法的故事。劳度叉依次变为高山、水牛、宝池、毒龙、恶鬼和巨树，佛弟子舍利弗则依次变为金刚砸碎了高山；变为雄狮咬死水牛；变为大象吸干了宝池的水；变为金翅鸟王击败毒龙；变为毗沙门天王打退恶鬼；变为大风把大树连根拔起。在这充满想象的巨幅画面中，却描绘出了山岳、大海、大树等现实生活的场景，如第 9 窟南壁劳度叉斗圣变中，上部表现金翅鸟与毒龙斗争的场面，用绿色画出大海，其中用白色的线条描绘出波浪翻滚的情景（图 3–13）。同时刻画了大树在狂风中摇摇欲坠的样子，十分生动。

图 3–12　莫高窟第 9 窟南壁　劳度叉斗圣变（局部）

图 3–13　莫高窟第 9 窟南壁　劳度叉斗圣变（局部）

中唐以后，壁画的色彩趋向于简淡，但进入晚唐以后，青绿重色再一次受到重视，如第85窟、第9窟的山水中，石青的成分增加了不少，往往在唐前期多用石绿的地方，在这里较多用石青，与山体结构由柔和的圆弧形改变为坚硬的转折线相关联，山峦的岩石特性突出了，这是新的倾向。

唐代后期的树木画得很多，特别是对来自南方的树木如芭蕉等描绘较多，如第85窟窟顶北披华严经变中的一个场面，绘一天王，身后有一株芭蕉，通过颜色的深浅变化，表现出蕉叶的向背关系，用色简洁、明朗（图3-14）。有的树往往在用线勾出树的枝干后，树叶部分的画法，只用颜色晕染而不加轮廓。如第85窟报恩经变中描绘树下弹琴的情景，树上茂密的枝叶没有像唐前期那样仔细地描绘出树叶，而是用石绿色晕染，中央部分厚重，边沿部分较淡，恰似水墨晕染的效果（图3-15）。在第159窟、第468窟等窟中，表现远景的树木，也多采用这样的方法。在第17窟北壁，我们还可以看到用十分工细的线描画出的树木（图3-16），在高僧像的后部墙壁上，画出两株树，从枝干到树叶都画得十分精细。树干用线描和皴笔之后，又用淡墨加以晕染，表现出老树粗干的裂纹及树皮的纹理，细腻而富有立体感，树

图3-14　莫高窟第85窟窟顶北披　华严经变（局部）

3-15　莫高窟第 85 窟南壁　报恩经变（局部）

图 3-16　莫高窟第 17 窟北壁　近侍女和树

叶全用双钩，用深浅不同的两种色，表现出阴阳向背。体现出唐代画树的高超技法。

唐代后期水的画法与唐前期有一定的差异，那种波澜壮阔大画面的河流很少出现，较多地表现涓涓细流，幽深的山谷中的流泉，静静的水池等等。色彩多以石绿为主，波纹的线描画得极细。

唐代后期的经变画中，山水的成分比以前增多了，在景物的表现上，注重小景环境的真实性，如一棵树，一面山坡，一块岩石等等，这些在唐前期不太受重视的小景致得到仔细的描绘，表明了山水画的进一步成熟。

第二节　水墨山水画的兴起

水墨画大约在盛唐时期就已经在长安等地流行开了，但并没有很快在壁画中出现。因为水墨画本来是利用纸或绢的晕染效果而形成的画法，在壁画中不能很好地体现出这种效果来。尽管如此，在唐代后期的敦煌壁画中还是出现了水墨画的山水，表明了当时流行的趋势。当然，严格地说，壁画中没有完全意义上的水墨画，因为所有的壁画基本上都是用重色染出的。但在这一阶段，很多壁画在表现山水时用色较少、较淡，用墨的成分较多，并且出现了水墨晕染和皴法等水墨画的典型技法，这些水墨画的因素在一定程度上改变了传统的青绿山水的面貌。有水墨画特征的洞窟主要有莫高窟第112窟、第54窟、第154窟，榆林窟第25窟等。

榆林窟第25窟

榆林窟第25窟是中唐的代表洞窟，为覆斗顶窟，中央设佛坛。洞窟壁画的布局大体保持着盛唐样式，即主要壁面均整壁表现一铺经变画，后壁为八大菩萨曼荼罗，南壁为观无量寿经变，北壁为弥勒经变。八大菩萨曼荼罗为中唐以后流行的内容，南北两壁的经变画布局则与盛唐同类壁画基本一致。但经变画中的山水画与盛唐相比，色彩变得简淡了，有的地方甚至不用颜色，如北壁弥勒经变西侧部分，表现迦叶坐于山中禅窟的情景，迦叶身后的山基本不施色彩，完全用墨线画出，有的地方用淡墨晕染（图3-17）。比起唐前期那种色彩华丽的画

图 3-17　榆林窟第 25 窟北壁　弥勒经变中的山水

法，这样的山水画有一种未完成之感，也许这正是当时的画家们所追
求的吧！唐前期的画家们喜欢用圆润、柔和的线来勾画山的轮廓，而
在这里，山的轮廓线都比较尖锐，特别是远景山峦，基本上画成锐角
三角形的样子。山顶的树丛与唐前期不同，大多用垂直线画树干，再
用细而短的水平线表现树叶（图 3-18），即是后代山水画中的寒林的
画法。远景以淡淡的石绿色表现云气，与丛林配合，表现出苍茫辽远
的景象。唐前期的山水画中，以 "S" 形弯曲的线条画出河流由远而近
的状态，在这里则用较直较硬的线条来画河流，转折比较强烈，如南

壁的观无量寿经变"日想观"的部分，依然是左侧画山崖，右侧画远景及河流的布局，但右半部的河流，转折处如锯齿形，显得过分僵直（图3-19）。

图3-18　榆林窟第25窟北壁　弥勒经变中的山水

图3-19　榆林窟第25窟南壁　观无量寿经变中的山水

把曲折的河流以僵直的线条简略化的处理，与远山均作三角形的处理一样，是对水墨运用的形式化的做法。而这样的形式化，实际上反映了来自中原新画法的因素，这些以水墨为特色的新画法，对于本地的画家来说，还没有完全熟练，仅仅抓住了一些较明显的特征，却并未完全理解。

莫高窟第112窟

中唐第112窟是一个小型洞窟，在南北两壁各画出了两铺经变，其中南壁的金刚经变和北壁的报恩经变里都画出了山水画。

金刚经变虽然在盛唐已经出现，但主要还是中晚唐时期流行起来。从经变的构图来看，通常都以雄伟的须弥山作为佛说法的背景，并统摄全图，形成一个宏大的自然环境。第112窟的金刚经变中，总体以金字塔形布局，分别画出数重山峰构成佛说法的背景。这些山峰均以强健的线条勾勒出险峻岩崖。山峰多为尖角，黑线的转折，再辅以水墨的晕染，只用少量的石绿色渲染（图3-20）。经变的山峦主要有五组，中央一组最高，两侧各分为两组。画家有意将这一组连绵的山崖表现出其间的关联，中央的主峰与左侧第二组山崖都有部分白云环绕，

图3-20　莫高窟第112窟南壁　金刚经变背景中的山水

主峰左侧有一条河流，弯弯曲曲在左侧第二组山崖之前流过，在近处最左侧一组岩崖后面消失。主峰右侧同样画一条小河流出，被右侧第二组山崖遮住。右侧第二组山崖则有一道泉水从岩石上流下。这样几组山崖体现出远近的关系，其间河流与泉水以及各种树木掩映，体现出山水的层次。

第112窟北壁的报恩经变是以数重山崖作为佛说法的背景，这几组山崖也与金刚经变一样，表现高耸的岩崖，主峰两侧的山崖也画出泉水与河流。特别是近处的山崖，岩石似乎快要落下，体现出一种险峻的气氛（图3-21）。在经变上部左右两侧，画出报恩经"论议品"的故事，即鹿母夫人的故事。佛经上说在波罗奈国的山中有一仙人称作南窟仙人，南窟仙人常在一泉水旁便溺，一母鹿常来饮水，怀孕后生下一女，母鹿无法养育，就将女孩送到南窟仙人门外，仙人将女孩收养，鹿女长大后，美丽无比，凡走过之处都会长出莲花。此事让国王知道后，便娶鹿女为夫人，不久鹿女怀孕，却生下了一朵大莲花，国王怪鹿女为异类，命人把莲花抛入池中，贬废王后。一天，国王与群臣在池边宴饮，忽见池中莲花已长大，并发出光芒，其中有五百婴

图3-21　莫高窟第112窟北壁　报恩经变背景中的山水

儿已经长大。国王知是鹿母所生，立即接回鹿母夫人。后来五百孩子长大，一人力敌千人，使国泰民安。这个动人的故事主要在经变画上部左右两角画出，左侧画出一座山中有一大石窟，窟中一人在修行，窟外一鹿正在饮水（图 3-22）。右侧也画出石窟内一人修行，窟外一女子行走，身后有很多莲花，前面有一王者正骑马经过。画家着意刻画了山崖和岩石，体现出一种幽静的气氛。

这里的山水则是全新的样式，山头几乎都是尖锐的角形，轮廓线转折强烈，似乎表现岩石的特征，颜色也极为清淡，仅用少量的石绿，值得注意的是，在墨线勾勒之后，又用淡墨渲染，这样的方法是水墨画的特征。

图 3-22　莫高窟第 112 窟北壁　报恩经变中的山水

图 3-23 莫高窟第 154 窟东壁门北　金刚经变中的山水

　　上述榆林窟第 25 窟和莫高窟第 112 窟的山水中，画家有意突出水墨的特色，用色相对较淡，更多地采用水墨晕染。中晚唐的壁画中，山水的画法最明显的变化，就是对岩石的表现加强了，山的轮廓变得较为坚硬，危崖的表现多起来了。但从色彩的应用来看，除了上述两个洞窟外，大多数山水仍然以青绿重色为主，偶尔有水墨渲染的部分。如莫高窟第 154 窟东壁门北侧的金刚经变，以连绵的山峰作为背景，山的主体是以石绿和赭石相间染出，这是盛唐以来的做法。只是山峰的轮廓线都是以墨线绘出，大部分山峰可见水墨渲染（图 3-23）。

　　莫高窟中唐第 158 窟也可看到部分有山水的画面，表现出水墨的特征（图 3-24）。南壁上部描绘迦叶奔丧的画面，背景的山水多尖锐的山峰，部分岩崖用墨线勾勒，表现岩石的肌理，就是后来被称为"皴法"的形式。但是唐代山水画中的"皴法"较单一，多为折线，属于"线皴"的类型。

　　水墨山水画的出现，最初应该是在纸本或绢本绘画中。因为水墨

图 3-24 莫高窟第 158 窟南壁 迦叶奔丧

的晕染，纸上或绢上的效果最好。在纸、绢上运用成熟之后，才在壁
画中流行的。从壁画的制作来看，水墨晕染较难形成层次丰富的效果。
但是由于水墨画逐渐成为了时代流行的趋势，即使墙壁不容易形成水
墨的效果，画家们仍然努力在壁画中画出水墨山水画。从敦煌藏经洞
出土的唐代绢画中，即可看到当时在绢本绘画中的水墨山水画。

　　斯坦因掠走的一幅唐代绢画药师经变，有丙辰年题记，推测为836
年，吐蕃占领敦煌时期。经变画的一角有表现岩崖的画面，画面多出现

尖的山峰（图3-25），这与中唐石窟壁画中的山水一致。沿墨线勾勒的轮廓线旁，用水墨由浓到淡晕染出层次，总体形成山崖厚重的效果。大英博物馆藏品中的另一幅佛传故事画中（图3-26、3-27），山水的表现具有盛唐时期的很多特征，如山峰较圆，青绿色较重等等。在犍陟吻足的情节中，画面左半部，画出耸立的山崖，右侧远景，山势的布局与盛唐第320窟北壁的山水完全一致，但用墨线画出的强烈的轮廓线，以及山峰上面的树丛的样式，则透露出了新的时代特征。山崖表现中出现了较多的皴、染手法，在山崖内，不仅运用了线皴，还出现了擦皴，这些皴法在水墨渲染之后，往往不太明显，但已把山崖的层次体现出来。前述两种绢画，以水墨进行的淋漓渲染，都是壁画中难以表现的。另一幅绢画表现药师经变中的九横死画面，山崖上错落的尖角山峰、崖边锯齿形转折（图3-28）。从绢画中的山岩造型上，也可看出由于水墨画的流行，山峰、岩崖的造型往往表现较尖的山头，强调岩石的质感。这些都与中唐时期壁画中类似的山崖如出一辙。

敦煌壁画早期到唐前期的画法，通常都是用较淡的线条起稿，然后敷色，矿物颜料往往覆盖性强，不仅会把起稿的线条覆盖，而且后面上的颜色也会覆盖前面的颜色。敷色完毕后，最后还要勾一道定形线（或者叫提神线）。经过千百年不断地褪色，往往最后上的颜色（包括线描）都褪了。因此，我们看到一部分唐代的山水中没有线描。而绢画的渗透效果较好，用墨线画出山的轮廓之后，不论再上颜色或者进行淡墨渲染，都不会把最初的线描覆盖，这样就要求画家在最初就把山水的轮廓画好，不然难以修改。也就是一次起稿就定型，最后不再描线。盛唐以后的壁画可能也受这样的画法影响，特别是中晚唐的壁画也往往用较浓的墨线起稿后，施淡彩，或者尽量不用颜色覆盖起稿线，敷色完毕后也不再画定形线。这方面主要体现在水墨山水画中，如前述榆林窟第25窟、莫高窟第112窟等壁画。但中晚唐有一部分壁画仍然按照传统的绘制工序画出青绿山水。经过褪色之后，现在基本上看不到线描了，仅剩下青绿色的山形，如前述莫高窟第231窟、第85窟等窟的部分壁画即是如此。

在青绿山水流行的盛唐时代，画家王维、吴道子、张藻等就在探索不施彩色的水墨画了，据《历代名画记》载：吴道子"天付劲毫，

图 3-25 敦煌绢画　药师经变中的山水　　　图 3-26 敦煌绢画　佛传故事中的山水

图 3-27 敦煌绢画　佛传故事中的山水　　　图 3-28 敦煌绢画　九横死（局部）

幼抱神奥，往往于佛寺画壁，纵以怪石崩滩，若可扪酌。"这种"若可扪酌"、富于质感的"怪石崩滩"，与李思训那种严谨的青绿山水显然大不相同，宋人黄庭坚称吴道子山水"不加丹青，已极形似"。另一个长于水墨山水的画家王维，具有笔意清润等特点。至于张藻，《唐朝名画录》称赞他"山水之状，则高低秀丽，咫尺重深，石尖欲落，泉喷如吼。其近也逼人而寒，其远也若极天之尽。"画家朱审，曾在长安寺讲堂西壁画了一幅山水画，"其峻极之状，重深之妙，潭色若澄，石纹似裂，岳耸笔下，云起峰端，咫尺之地，溪谷幽邃，松篁交加，云雨暗淡"。

从以上的记载来看，盛唐以后，水墨山水画已经十分发达了，同时颇有意思的是，这些水墨画家的作品中，山的特点都具有"怪""奇""突兀"的特征，总之绝不是唐前期那种柔和、秀丽的面貌。其中如"石凸欲落""石纹似裂"等画面，我们在敦煌中晚唐壁画可以看到很多。尽管唐代那些画家们的作品无可靠真迹流传下来，但是敦煌壁画无疑为研究这些画家的山水画作提供了风格线索的重要参考。

在长安附近出土的盛唐壁画墓中，也发现了不少以水墨画出的山水画，如富平县吕村乡出土的唐墓中，有六曲屏风壁画，其中就有水墨山水，构图较满，与唐前期敦煌壁画的山水比较接近，山的轮廓线以墨线勾出，并有皴笔，但完全不用颜色，以水墨晕染。可见长安一带在盛唐已有成熟的水墨山水画了，敦煌壁画中的水墨山水画显然是受到长安一带画家影响的产物。

第三节　屏风画中的山水画

屏风，作为一种室内陈设，很早就产生了，现存的实物中，最早的是马王堆汉墓出土的漆屏风，文献记载有三国时期的曹不兴画屏风的故事，北魏的画像石中也有屏风的形象，可以说汉代以来，屏风已成为中国普通民众家居生活中常用之物。文献所记唐代画家们画屏风的故事也是屡见不鲜。在敦煌壁画中，隋朝的说法图中就已画出佛像的背屏，其实就是一组转折的联屏（图3-29、3-30）。屏风用于佛说法图，显然并非印度传来的形式，说明中国贵族阶层中流行的屏

图 3-29　莫高窟第 302 窟东壁　说法图　隋

图 3-30　莫高窟第 302 窟说法图中的屏风（线描图）

风，被画家作为佛的用具而画在了壁画中。唐代壁画中，维摩诘经变是表现屏风较多的。通常都是描绘维摩诘坐在帐中，其身后有屏风环绕。如绘于贞观十六年的第220窟东壁维摩诘经变，维摩诘身后就是一组联屏。维摩诘是一位在家出家的居士，他精通佛法，却不必剃发出家，这一形象深受中国信众的喜爱。因此，壁画中的维摩诘被画成一位中国式的贵族士人形象，他所居处的环境与用具（包括帐、屏风、几等）也是按当时中国士族的情况来描绘的。从初唐到晚唐的维摩诘经变中都可以看到在维摩诘身后绘有屏风的情况。而屏风中的图案也显示着不同时代的风格。如第220窟维摩诘的屏风上绘出了当时十分流行的联珠纹图案，盛唐第103窟维摩诘身后的屏风，则是由草书帖组成的装饰；在晚唐第156窟的维摩诘经变中，屏风上则绘有山水画（图3-31）。这些不同的屏风装饰，应是当时现实生活的真实写照。屏风在唐代贵族的家庭流行，而屏风中画山水在唐代是十分普遍的。

图3-31　莫高窟第156窟东壁　维摩诘像

图 3-32　莫高窟第 79 窟佛龛内景

　　但是，我们所说的屏风画并不是指壁画中所描绘的屏风形象，而是壁画中按屏风的形式在墙壁上画出一个个纵长方形画面，在其中表现一些故事和山水等内容。这一形式是模拟了当时家具中普遍流行的联屏形式，故称为屏风画。据考古发现，盛唐时期的壁画墓中，就有并列六曲或别的形式的屏风画，这类有屏风画的墓葬大多出现在 8 世纪中叶以后，其内容很丰富，有树下人物，山水，花鸟等等，大体是仿照死者生前的状况加以描绘，再现当时社会生活中的屏风形象。唐代后期敦煌壁画中流行屏风画，显然与唐代墓室壁画中流行的屏风画有关[①]。

　　敦煌壁画中较早出现的屏风画是在莫高窟盛唐第 79 窟，此窟的佛龛龛顶改变了唐前期佛龛大多为平顶的格局，采用了中国式的帐形结构（也称为盝形顶），龛内西壁绘屏风画 4 扇，南北壁各 1 扇，共 6 扇屏风，正是盛唐以来中原地区流行的六联屏形式（图 3-32）。

　　进入中唐，屏风画在洞窟壁画中大量增加，除了在佛龛内画出屏

----

①　参见于向东《莫高窟屏风画的起源探讨》，《东南大学学报》第 7 卷第 2 期，2005 年 3 月。

风画，主要还绘于四壁的下部，上部画出经变画的主体内容（通常是以佛说法为主的净土世界景象），下部的屏风内则绘出相应的经变故事内容和相关情节。唐代后期往往一壁之内绘多铺经变，这样一壁之内就会在下部出现较多的联屏，多者达十数屏（图3-33）。形成了唐代后期洞窟中壁画布局的新格局。

由于绘屏风已有悠久的历史，在屏风的基础上，也形成了后来的卷轴画，对我国的绘画体系和风格的形成具有十分重要的影响。对于敦煌壁画来说，屏风画的形成，改变了此前山水画构图的形式，每一扇屏风成为了一个独立绘画单元，画家可以利用屏风进行单独的布局，于是屏风画中的山水呈现出无限丰富的状态。由于屏风画形式呈纵向的画轴形式，通常都把画面分隔成几段，表现故事情节。但也不是截然分开，而是用山水把全画面有机地联系起来，从山水画的角度来说，则是在构图上更趋向于完整了。第231窟龛内西壁画出4扇屏风，南北两壁各画3扇屏风，如南壁西起第2扇屏风画表现萨埵太子舍身饲虎的屏风画（图3-34），实际上有三个场面，下面画出萨埵太子山中

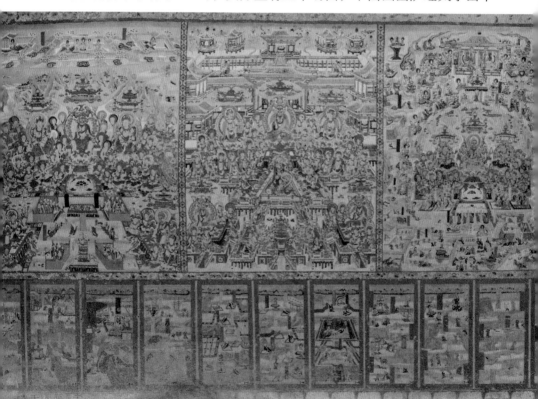

图3-33　莫高窟第12窟南壁全壁布局　晚唐

图 3-34　莫高窟第 231 窟龛内南壁　屏风画

见到饿虎的情节；中央画出萨埵太子躺在饿虎前面以身饲虎的场面，上部画出亲属为萨埵太子起塔供养的情节。由于人物较小，山水成了壁画的主体，屏风画的中心在于萨埵太子饲虎的场面，山水也是以此为基准，下部的场面为近景，上部的画面处理为远景，中央则详细描绘山水景物，右侧是突兀的悬崖，悬崖下面是一片平地，地上画出众虎围绕萨埵太子啖食的场面。画面左侧画出一组低矮的山峦，中央部分的山水布局，显然是延续了盛唐以来的样式。在山水构图上十分完整，山与树木、人物十分和谐。在色彩的运用上，山崖的顶部有较淡的石青色，下部的山坡和原野都用石绿画出，其中又以赭色相间，表现阴阳向背。大量的石绿色把画面统一起来，造成均衡的效果，虽然不像盛唐山水画那种鲜明、强烈而富有感染力，但对山水细部的处理则有所进步，不论是对岩石的皴笔还是淡墨的晕染都比较自然，形成了一种新的山水结构。

从构图上来看，通常每一扇屏风中要画出2—4个情节，因此往往利用山水或建筑分隔出一个个小环境，从中描绘故事情节。第231窟龛内南北壁西侧的屏风画分别表现报恩经变中善事太子入海求宝的故事，每个屏风有3-4个情节，通过自上而下的呈"S"形的一条河流，把画面联系起来，在河的两岸画出山峦，但全画面看来，体现出山水画的构思。第238窟龛内的屏风画中，也是表现善事太子入海求宝的故事，构图较疏朗，通常一扇屏风里描绘3个场景，如西壁南侧的屏风画中，上部在山崖旁有二人作对谈状，表现善事太子遇到恶事的情景；中部表现恶事将善事眼睛刺瞎的场面；下部描绘一群牛走过，表现牛王将善事太子眼中毒刺舐出，牧牛人救起善事太子的情景。全图由远及近，上部有远山，中部是山崖和树木，下部是近景的平地和坡脚（图3-35）。分开来看，是故事发展的三个场景；合起来看，山水风景由近及远，又是一幅完整的山水画。这样的屏风画，数量不少。如第54窟龛内西壁的屏风画，只有两组说法场面，上部左侧画出山峰及树木，右侧则是平缓的山坡，佛在右侧说法；下部则是佛在左侧说法，上部的山崖成为说法的背景，右侧画出近景的岩石。此画色彩极其简淡，树及山崖用墨线勾勒并有少量水墨晕染（图3-36）。莫高窟第468窟龛内的屏风画则对山崖、峰峦以及河流、树木描绘得较多，这里每一扇屏风都画出两组说法图，全画面呈平远景色，没有雄伟高大的山崖，在说法场面中往往画出一两棵老树，两个场景之间以曲折流下的河流分隔开来，画面最上部画出远山，由远及近画出疏疏落落的树丛，这样自然和谐的山水意境，代表了这一时代的风格（图3-37）。

中唐第154窟龛内两侧的屏风画大多没有画出人物情节，似乎是没有佛经内容的山水画（图3-38）。当时，龛内本来曾有一些菩萨和弟子的塑像，这些屏风式的山水画是作为菩萨或弟子的背景画出的，现在塑像已失去，壁画完全露出来了，但往往左侧或右侧有一半的空白，使山水画看起来不完整。由此我们知道在唐代后期的确有一些佛龛中的屏风画只是为了作为塑像的背景画出的，不一定有故事内容。

莫高窟第159窟等窟还在屏风画中画出了五台山图，这在绘画史上具有重要意义。

五台山位于山西省境内，山有五个顶，称为五台。由于海拔较高，山中气温很低，即使在盛夏也很凉爽。这些特点与佛经所记载的文殊菩萨所居的清凉山十分一致。早在南北朝时期，佛教信徒们就把五台山与文殊菩萨联系在一起，产生了种种传说，这样就使五台山的佛教寺院越来越兴盛。到了唐代，各地僧人信众到五台山朝圣就十分频繁，于是就出现了描绘五台山佛事盛况的《五台山图》，连同五台山信仰在全国传播开了。据《佛祖统纪》卷39和《古清凉传》记载：龙朔二年高宗遣西京会昌寺沙门会赜与内侍张行弘等"往清凉山检行圣迹"。会赜到了五台县，带领吕玄览、画师张公荣等十余人进山，在著名的大孚寺东堂修复了文殊菩萨像。会赜和随行人员又画出五台山"小帐"，还写了《略传》一卷，流传于京城一带。这个五台山"小帐"，可能就是描绘五台山的卷轴画。从此以后，五台山图正式流传开了。有人不断转摹《五台山图》。也有人去参拜五台山时，重新绘出《五台山图》。画史上记载释僧竭于长安建曼殊堂时"拟摹五台之圣像"[1]，说明在长安的曼殊堂画有《五台山图》。据日本著名高僧圆仁所写《入唐求法巡礼行记》载，圆仁于开成五年巡礼五台山，同行的汾州和尚义圆在巡礼完了之后，请画博士画《五台山化现图》一幅赠给圆仁，让他带回国

---

[1] 《宋高僧传》卷27，中华书局，1987年8月。

图 3-35　莫高窟第 238 窟龛内西壁南侧

图 3-36　莫高窟第 54 窟龛内屏风

图 3-37　莫高窟第 468 窟龛内屏风

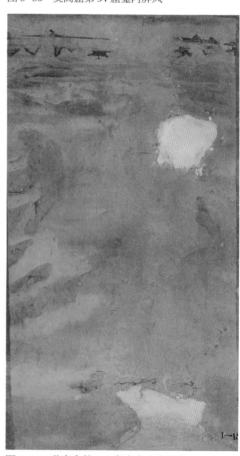

图 3-38　莫高窟第 154 窟龛内北壁屏风

供养。表明五台山图曾传播到日本。又据《旧唐书》卷十七和《册府元龟》卷五二记载：长庆四年"吐蕃遣使求五台山图，山在代州，多浮图之迹，西戎尚此教，故来求之"。说明《五台山图》也曾西传吐蕃。当然西传的地方并不仅仅在吐蕃，还传到了河西以及中亚一带，也包括敦煌在内。所以，敦煌石窟中也在中唐时期，即吐蕃占领敦煌时出现了《五台山图》。

莫高窟现存的《五台山图》共有 7 幅，分别绘于中唐第 159 窟、第 222 窟、第 237 窟、第 361 窟，晚唐第 9 窟、第 144 窟和五代第 61 窟等 7 个洞窟中，此外榆林窟第 32 窟、第 19 窟、第 3 窟和肃北五个庙第 1 窟也绘有《五台山图》，这些图像中时代最早的是第 159 窟、第 361 窟，大约绘于开成年间，莫高窟第 61 窟的《五台山图》以及榆林窟、五个庙石窟的《五台山图》时代为五代或西夏（这部分将在后文讲述）。中晚唐各窟的《五台山图》均为屏风画形式，如第 159 窟西壁北侧的文殊变下部，共绘有两幅屏风（图 3-39），作为文殊变的补充，左边一幅，中部画一山峰巍然，山中有一寺院，寺院外，山路崎岖，

图 3-39　莫高窟第 159 窟西壁北侧屏风中的《五台山图》

图 3-40　莫高窟第 361 窟龛北侧屏风《五台山图》之一　图 3-41　莫高窟第 361 窟龛北侧屏风《五台山图》之二

有一比丘正打坐参禅；另有一些来往的朝拜者。上部天空有彩云及文殊瑞现状况。第二幅中间也画一山峰，峰峦上部有文殊瑞现情景，山中还有宝塔及寺院等，并有人拜塔。这种屏风画的形式，画面完整，具有卷轴画的效果。其他几个窟的《五台山图》也大体如此。可以想见最初会赜所创制的五台山"小帐"，也许即是类似的画面。

　　莫高窟第 361 窟也在佛龛两侧画出屏风画《五台山图》，此龛内塑像已全失，从龛的结构上看有双层，其外层龛两侧的位置有可能是塑出文殊与普贤像，屏风画的《五台山图》应是作为背景画出的。有意思的是这两幅屏风画一幅绘三座山峰，另一幅画两座山峰，正好组成了五台（图 3-40、3-41）。两幅屏风的相连处，山势走向也是可以相接的。这正是古代连屏的绘制方法。

小　结

　　唐代以来，佛教艺术在中华文化的强大影响下不断进行融合与改造，逐渐形成了中国式的佛教艺术，如果说唐前期是在洞窟结构布局以及壁画中宏大主题方面完成了中国化的进程，唐代后期则是在更加具体和深入的方面体现着中国文化的影响。如经变画中越来越多地出现世俗生活场面，山水小景分布在各个角落，屏风画的大量出现等等。使唐代后期的壁画内容丰富而表现手法也样式繁多。山水画的发展，在唐代后期体现着这样一种时代特色，唐前期那种大青绿山水依然被广泛采用，而新的水墨山水画却在一些洞窟中体现出独特的魅力；伴随着大幅经变画而画出的山水画仍然不断出现，而大量的屏风画中，山水画成为了不可或缺的背景。总之，敦煌石窟唐代后期的山水画表现出来的丰富性，正反映了唐代后期中国山水画的一个深刻的变化：水墨画逐步兴起，与传统的青绿山水并存，而在山水树木的表现手法上，变得越来越丰富多样了。

第四章

敦煌五代北宋西夏元代山水画

晚唐以来，张氏家族维持着归义军政权，但随着唐朝的衰落，西北一带少数民族势力逐渐强大起来，归义军的辖地仅剩下了瓜、沙二州，政权也岌岌可危。908 年以后，曹议金接替了张氏的归义军政权，继续统治敦煌一带，曹氏世代相袭，延续了一百多年，这一时期相当于中原的五代到北宋。曹氏政权在政治上奉中原王朝正朔，同时利用姻亲关系与周围强大的少数民族政权保持和平友好关系。曹氏家族又十分崇信佛教，在莫高窟和榆林窟大肆兴建洞窟，并仿照中原建立画院，此时的壁画主要是曹氏画院的画工绘制的。但这一时期敦煌与中原的交流时断时续，中原的新的绘画技法似乎对敦煌地区没有产生多大的影响。曹氏画院的画家们努力保持前代绘画的传统，但缺乏创新，用色单调，总的来说，趋向于衰落。

1036 年左右，西夏占领敦煌，进行了近两个世纪的统治，1227年，敦煌归入元朝的版图，直到 1368 年元朝灭亡。明朝初期虽有短暂的时间占领敦煌，其后无力经营西域，便退守到嘉峪关内，敦煌处于无人管理状态达两百多年，直到清康熙年间收复新疆，敦煌渐渐有了人烟，但已不再有石窟的营建。因此，敦煌石窟的营建历史通常认为是到元朝为止。西夏和元代，在莫高窟和榆林窟都营建或改建了不少洞窟，总的数量不如前代，但也留下了一批具有时代特色的壁画。西夏后期到元代，出现了一些与传统青绿山水画风格迥然不同的山水画，可以看出受到了北宋以来的中原山水画风的影响。特别是榆林窟第 3窟的大型水墨山水画，标志着崭新的时代风格，代表了敦煌壁画晚期山水画的主要成果。

第一节　曹氏归义军时期的山水画

五代到北宋，正是中国山水画由着色山水向水墨山水转变的重要时期。但这一时期由于西北地区的政治形势非常严峻，敦煌与中原的往来十分困难，文化艺术的发展处于相对停滞状态。曹氏统治者仿照中原王朝在敦煌设立了画院，这个画院不仅仅是绘画，包括造窟的工匠，做彩塑的塑匠等都是画院的成员。可以说曹氏画院就是为了莫高窟的营建而建立的，这一时期壁画都由画院的画工们制作，从而形成了一种敦煌地区的"院体"画风，也使这一时期的绘画具有较统一的风格，保持着一定的水准，当然也体现出一定的保守性。从山水画的角度来看，莫高窟第 61 窟、第 98 窟、第 36 窟、榆林窟第 19 窟、第 38 窟等壁画中的山水代表这一时期的特点。

这一时期值得一提的是《五台山图》，敦煌石窟在中唐时期就出现了《五台山图》，在前一章中已有叙述。到了五代时期，又一度出现了较多的《五台山图》，其中大部分是画在文殊变中的。如榆林窟第 19 窟、第 32 窟中的《五台山图》都是作为文殊变的背景画出的，由于山水的面积很大，使全图具有山水画的意味。榆林窟第 32 窟的文殊变是以文殊菩萨在五台山化现为中心画出的，中央画文殊菩萨骑狮子从云中化现，四周则画出五台山和山中的寺院，与之相对应的普贤变，也画出普贤菩萨化现于云端，周围画出山水及毗沙门天王决海的情节。两铺壁画都褪色严重，皴法及晕染效果已看不出来了。榆林窟第 19 窟的文殊变，在文殊菩萨及侍从群像的上部，画出五台山及各种神异化现情况，画面以土红线描出山峦的轮廓，山峰较圆，山中无皴笔，只以赭色平涂，画法仍是唐代以来的传统技法（图 4-01）。

莫高窟第 61 窟的《五台山图》可以说是此图在敦煌壁画发展史上的最高表现。此窟开凿于 947～951 年，是曹氏家族时代的大型洞窟之一（图 4-02），主尊供奉的是文殊菩萨（现已毁），所以也叫"文殊堂"，西壁配合文殊像画出巨幅《五台山图》，全长 13.45 米，高 3.42 米（图 4-03）。画中详细描绘了东起河北正定，西至山西太原方圆五百余里的山川地形及社会风情。画面左侧为南台、西台；下部为太原城至五台山的道路；上部画毗沙门天王、阿罗汉等赴会的情景；右侧为北台、东台，下部画出由河北道镇州（今河北省正定县）到五台山的道路。全图以中台及其下的文殊真身殿、万菩萨楼为中轴线，两边各以五座大寺分布在东、南、西、北四台之间。南下角是太原城；靠近中部有河东道山门；与之相对的北下角是镇州城，靠近中部有河北道山门。这样通过大山和大型建筑构成骨架，使画面形成了一个基本对称的格局。这样的布局无疑是受到了经变画构图的影响。

《五台山图》中的山水表现，基本上是沿袭了唐代以来壁画中传统的山水表现手法，由于内容繁多，山峦的位置常常影响到画面的整体

图 4-01　榆林窟第 19 窟　文殊变和五台山图

图 4-02　莫高窟第 61 窟内景

图 4-03　莫高窟第 61 窟五台山图（线描示意图）

结构，因此，这五座主要山峰既不可能按五台的实际位置来安排，也不能按山水画的构图来表现。画家采取了在对称布局中均匀地分布五峰，以留出空间来描绘更多的佛教史迹，尽管图中大大小小的寺院占据了大部分的空间，但联系这些各自独立的寺院并主宰全图的仍然是山水。五台山方圆五百里，从全图来看要表现这么宽广的地域，只有采取鸟瞰的视角，才能反映出全貌，但在有的地方又需要特别的描绘，于是远景与近景，整体与局部，都要在同一画面中表现出来。画家主要是依靠山水的分布，自然地分割出一个个小的环境，这些个小环境，可以独立地表现所需的特写部分，包括建筑及人物、情节等。而在全图来看，它又融合在与之相连的山水环境中。画面中，五座主峰基本上是金字塔形（图 4-04），这一山峦样式令人想起董源山水中常见的山头，可以说它是山的最基本的形态之一。它的稳重、庄严，正适应了宗教的需要。画家也并不满足于单一的形式，画面下部的近景峰峦中就可以看出对岩石的刻画，如河东道山门附近的峰峦，显得峻峭，挺拔（图 4-05）。画中的用笔也随着山形的不同而改变，如东台、南台等处，描绘浑厚、坚实的山峦多采用柔和的类似解索皴的笔法，而表现较硬的岩石则笔力雄健，时见斧劈皴的效果，如赵四师庵旁边的岩石，表现出坚硬的质感（图 4-06）。总的来说，五台山图属于青绿山水，主要采用石青、石绿、赭石等色为基本色调，色彩过于柔和，平稳。由于时代久远，出现部分色彩脱落，而显露出起稿时的较粗犷

图 4-04　莫高窟第 61 窟　五台山图（局部）

图 4-05　莫高窟第 61 窟　五台山图（局部）

图 4-06　莫高窟第 61 窟　五台山图（局部）

的墨线，但这并非当时所画的效果。

五代，是我国山水画发展的重要阶段，这一时期产生了如荆浩、关仝、董源等伟大的山水画家，他们的山水创作开辟了中国山水画的新阶段——以水墨画为主导的纯粹的山水艺术开始占据了中国画的主流地位。当时，不论中原还是南方的艺术家，纷纷采用这种艺术形式来抒发自己的情感和思想。即使是在寺观壁画中，也常常出现整铺的山水画，这种风气在远离中原的敦煌，还看不出太多的影响。五台山图依然是传统的青绿山水画风格，当然在处理近景岩石等方面，显示出了一点与前期不同的特点，也许多少受到一些当时内地绘画的影响，但总的来说距同时代中原地区山水画的发展，正如敦煌离中原一样遥远。

在藏经洞出土的绢画中也有一幅《文殊菩萨和五台山图》（图4-07），其创作时间大约在曹氏归义军晚期，画面中央是文殊菩萨，背景画满了山水，所绘正是《五台山图》。画面上还保存着一部分题记，标识着五台山的一些地名。画面下部山中还画出一个僧人与一位白衣老人相对的场景，这是表现唐代高僧佛陀波利上五台山遇见文殊菩萨化现为老人的场面，莫高窟第61窟壁画中也画出了这一内容。这幅山水画是以青绿着色为主的，山的轮廓线较柔和，山峦的形状较单调，以绿色晕染。这样的山峦风格与莫高窟第61窟的《五台山图》中峰峦是一致的，或许这幅绢画也是出自曹氏画院之作。

五代时期往往在前室甬道的门两侧画出龙王礼佛图，表现龙王及眷属从大海中浮出的情景。大海中巨大的波浪，以及岸边险峻的山崖岩石都表现得很有特色。如莫高窟第36窟前室西壁门两侧均绘龙王礼佛图，中央绘龙王及眷属在大海中露出上半身，分别手持供品礼佛。令人注意的是在大海的岸边，表现山峰、岩石、树木等形象，以转折强烈的笔触，类似斧劈皴的手法表现出岩石坚硬的质感，并辅以水墨晕染（图4-08、4-09）。图中的松树等树木也作了细致的刻画，用色较少，仅用石绿和赭红色及墨，具有单纯、明快的风格，给人留下很深的印象。这样的龙王礼佛图在榆林窟第38窟也有类似的表现。

五代时期敦煌壁画的山水画继承了中晚唐的传统，除了在经变画中画出相应的山水画外，主要的仍画于屏风画中。在技法上，大量采

图 4-07　敦煌绢画《文殊菩萨和五台山图》　法国吉美博物馆藏

图 4-08 莫高窟第 36 窟前室西壁南侧 龙王礼佛图（局部）

图 4-09 莫高窟第 36 窟前室西壁北侧 龙王礼佛图（局部）

用墨线勾勒的方法，但显得较粗糙，颜色的种类较少，屏风画的构图也很单调，很少出现像唐代那样引人入胜的山水画面。这一时期的屏风画也大体上继承了唐代以来的传统，但构图较满，一扇屏风中画出很多内容，往往采取横向分割的办法，由上而下分出三四个部分，山水背景相对来说缺少变化，通常只画一些缓坡和简单的树木。如第61窟南、西、北三壁下部屏风画描绘的是佛传故事，共画出128个情节。图中人物众多，山水只是为人物活动提供的背景，树木也有模式化的倾向。第98窟的屏风画也有类似的特征，大体是以图解佛经为主要目的，对于山水风景的考虑较少。

值得注意的是在第98窟、第61窟、第55窟等大型洞窟的背屏后部都画出巨大的佛像，佛像身后则是作为背景的山峦，这些山峦的画法大体是用粗犷的笔触勾勒，有时加以水墨晕染，山岩的形状也是曹氏归义军时期流行的样式，山头较尖锐，棱角分明，虽不免有些粗率之感，但却流露出自由、豪放的精神。

归义军曹氏晚期，约相当于宋代，敦煌壁画中的山水画越来越趋向于形式化，虽然开了一些大型洞窟，但在壁画上没有多少创新。在第55窟和榆林窟第38窟壁画中，山水画也出现较多，这时的用色更为简略，除了石绿和简淡的赭色外，几乎没有其他颜色。如第55窟东壁的《金光明经变流水长者子品》和榆林窟第38窟《弥勒经变》中表现迦叶禅窟的情景，山峦用墨线勾勒，加以简单的皴法，或淡墨晕染，表现出奇崛的山峰。榆林窟第38窟的龙王礼佛图中（图4-10），可看出表现山崖及曲折的河流，除了石绿色以外，其他颜色用得极少，墨线用得也较淡。大约是由于褪色的原因，壁画颜色显得很淡。

五代时期的山水用色多青绿并用，往往在山头部分用石青，但此时的石青色比起晚唐时代的石青色，似乎纯度不够，显得不太明亮。到了宋代，石青用得更少了，有的山头部分画出的蓝色也显得发灰，山水主要用石绿染出，由于赭色也用得较淡，色彩呈现出清淡的倾向。在龙王礼佛图中，表现海浪往往于绿色中用白线画出波浪，使画面具有明亮的特征。此时树木的画法较为简略，特别是对树叶往往省略了一枝一叶的细腻刻画，而在树干上部用一片绿色染出，颇有些写意的效果。

图 4-10　榆林窟第 38 窟东壁北侧　龙王礼佛图（局部）

第二节　西夏、元代的山水画

　　西夏时期，虽说与南方的宋、北方的辽及后来的金形成三足鼎立之势，并不断地进行战争，但西夏人同样很崇信佛教，在河西一带修建了不少寺院和石窟。这一时期在敦煌莫高窟新建的石窟并不多，但对前代洞窟进行了大量的修复、改建和重绘，因此，西夏时期的壁画在数量上来说也不少。西夏前期的壁画大多沿袭曹氏归义军时期的壁画风格，只是更加简化了，千佛画得较多，虽然也有一些净土变，但主要以绿色为地，佛像画千篇一律，建筑物整齐划一，偶尔画一些莲荷，也具有图案化的倾向，山水风景表现极少。西夏晚期到元代，随着丝绸之路交通的恢复，敦煌一带较多地受到来自中原的影响。出现了新的壁画风格，体现出西夏时代和民族的一些特点。榆林窟第 29 窟、第 3 窟是西夏时代艺术成就最高的代表性洞窟，特别是榆林窟第 3 窟出现大规模的水墨山水画，反映了一种前所未有的新风。可以看出两宋以来中国内地流行的水墨山水画影响到了敦煌一带，是晚期敦煌山水画的重要成果。

　　榆林窟第 3 窟是一个大型洞窟，窟内西壁门两侧的文殊变和普贤变引人注目。文殊变高 375 厘米，宽 50 厘米，画面的上部，集中描绘了山水景物：中央主峰较为突出，呈"品"字形布局，在雄伟的山峰下画出寺院殿宇建筑，突出了宗教气氛。主峰的前面画出两峰相对如阙，从两峰间向外涌出一片火来，右侧的山下有一个山洞，两道森森的大门半掩，从中透出一道神秘的光来；在主峰右侧画出一道虹桥，上有 7 人徐徐前行（图 4-11）。这些景象都与五台山的各种传说有关，如在莫高窟第 61 窟的《五台山图》中，就有"化金桥现处""金刚窟""那罗延窟"等题记。本图所绘也应是类似的内容。虽说是宗教的

图 4-11　榆林窟第 3 窟西壁　文殊变上部山水

主题，画家却能使山水景物保持完整，并增添了神秘的色彩。在主峰的右侧又辅以三重山峦，由远及近，使主峰显得厚重、丰富。右下部接近大海的地方，画出水滨浅滩上的岩石和树木。左侧的壁画有部分脱落，不过还是可以看出构图的意图。远处的山峰与中央的主峰相对，明显地形成主客对照，房屋建筑大多掩映在山峦和树木之中，并多作侧面描绘，与主峰下所描绘的建筑呈正面形象相对，构成宾主揖让之势，左侧下部突出一组山岩，把近景和远景联系起来。同时又于近景和远景之间画出云雾和树木等，体现出迷茫的空间感。

门南侧的普贤变高 365 厘米，宽 204 厘米。上部也画出山水（图 4-12）。这部分可以从中轴线分为两个部分，左半部分以两座雄伟的山峰占据了画面的主要位置，在两峰之间，有一道瀑布泻出。画面左侧在主峰后面可以看到作为远景的云雾缭绕的树丛，由远及近逐渐可以看到淡墨画出的山峰及流水。近处画出巨大的岩石，水从岩石上流

图 4-12　榆林窟第 3 窟西壁　普贤变中的山水

下。在左侧下部则画出一片台地，其上为唐僧取经图，又与上部的山水隔水相望。画面中央的一组山峦，看起来具有照应左右两侧的作用，在两侧的山岩下都画出巍峨的楼阁殿宇，在山峰左下部的山岩下，则画出简单的茅屋及有栅栏的院落。右半部的山水较单纯，有一座山峰耸立，近处的山脉蜿蜒而上与其相连，其间崎岖的岩崖十分险要。山左侧画出云雾中的树丛与画面左半部的山峰相接，在靠左侧的山峰中画出亭阁及殿宇，与这一片景色相呼应。其中又以淡墨画出溪水，具有深远之感。画面右侧用淡墨画出平远的景色，下部是绿树及茅屋、栅栏。可以看见岸边树丛傍的小路通往这些房屋，表现出山的"可居""可游"的特点。近岸边画出巨大的岩石。

若从全图来看，由于画面中心是以文殊、普贤为主的人物，上部的山水画在彼岸应为远景。但画家并不限于一个视点，山水分别体现出一定的远近关系，表现出"高远"、"深远"、"平远"景色的不同特点。

普贤变中最引人注目的是在布局上占主要地位的雄奇壮观的山峰，从山势构成来看，就高远取景，强调主峰的雄浑与壮阔等方面，可以看出类似范宽的华北山水画的风格特征。特别是画面左侧如纪念碑式的山峰，两峰之间又有瀑布流出（图4-13），这样的画面令人想起范宽的《溪山行旅图》。若从高远、深远、平远等空间的处理来看，榆林窟的壁画显然还有许多新的手法，如在多重山峰中表现出相互揖让、向背关系，以及从中体现出的深重、繁复的层次，特别是在构成上有意表现高远、深远、平远的作法，使画面显得无限丰富。

树法有一部分是类似枯枝的表现，如普贤变右侧部分，这种画法来自范宽的影响，但是更多的树木则体现出江南一派山水画的特征。普贤变左上部山水中，山峰左侧云雾中的树木与米友仁山水画法十分相似（图4-14）。另一种树木出现在文殊变的山水中，画面左侧山脚的水滨画出一株挺拔的树，笔法刚硬，类似马远的树法（图4-15）。

第3窟窟门上维摩诘经变中残存一幅山水小景图（图4-16），这幅画纯用淡墨晕染，没有轮廓线，做没骨山水画了，右侧画出山中有一所房屋，屋子前有曲栏，曲栏环抱的大约是水池。中央的两座山峰墨色浓重，画面左侧作远景。总的来说是一幅平远山水图，与米友仁的画风也十分接近。如果不是对水墨技法的高度掌握，是不可能在墙

图 4-13　榆林窟第 3 窟　普贤变中的山水

图 4-14　榆林窟第 3 窟　普贤变中的树木

图 4-15　榆林窟第 3 窟　文殊变中的树木

图 4-16　榆林窟第 3 窟东壁门上部　山水

壁上画出这样的风景的。

　　西夏时期的壁画中，在一些水月观音图和罗汉图中，作为背景也画出了一些岩石、山水，形成独特的景致。如第 237 窟前室门上部的水月观音中，表现观音菩萨坐在水边的岩石上，岩石的形状很像太湖石，用墨线勾勒出轮廓，部分有水墨晕染，可惜变色、褪色严重，具体的表现不容易看出来。榆林窟第 29 窟是可以明确断定为西夏时代的洞窟，开凿年代为 1193 年①，窟中的文殊变和普贤变中，用水墨画出了山水图景，但山峦像图案一样没有变化，这是一种独特的画法，大约是受到来自吐蕃的影响，使山水背景具有图案的效果（图 4-17），但

图 4-17　榆林窟第 29 窟东壁普贤变中山水

---

　　① 刘玉权《榆林窟第 29 窟窟主及其营建年代考论》，《段文杰敦煌研究五十年纪念文集》，世界图书出版公司，1996 年。

其中水墨晕染的特点也是值得关注的。

水月观音最早是唐朝画家周昉所创。通常在观音菩萨的身后画出山水风景及天空的月亮，营造出一种幽雅的意境。这一创意把佛教的禅意与中国传统的山水画结合起来，体现出中国式佛教艺术的境界，所以在唐代以后全国各地就流行起来。虽说敦煌远在西北，石窟中也出现了不少水月观音画面。榆林窟第2窟西壁门两侧都画出了水月观音，西壁北侧的观音菩萨坐在岩石上，后面露出几丛修竹。岩石下面有碧绿的水池，画面右上方画出一弯新月，旁边彩云缭绕。观音身后的岩石类似盆景一样，而在观音脚下的山水却具有远景的效果。右侧岸边还画出唐僧取经图，唐僧与随行人员正在仰望观音菩萨（图4-18）。这种将近景岩石与远景的山水组合起来，给人以非现实之感，体现出观音的神秘性。窟门南侧的水月观音也同样坐在岩石上，一轮圆月形成一个透明的光环，笼罩在观音身上。观音脚下的水边，草木丰茂，流水潺潺，富有意境。

这两铺水月观音在构图上一个最大的特点就是对角线的构图，两铺画面均大体呈方形，如北侧的一铺画面中，观音坐左侧，身后有山岩，面向右上部，与之相关联的是右上角有一弯新月。而天空除了有一些彩云外，基本是留白的。若从左上角到右下角画一道对角线，把画面分成两半，则可看出一半为实，一半为虚。南侧的水月观音与此相对，可从右上角到左下角取对角线，是同样的构图。这样的对角线构图是南宋山水画的典型构图形式，在马远、夏珪等画家的作品中可以看到相似的作例。

榆林窟元代第4窟在西壁门两侧画出文殊变与普贤变，这里作为背景的山水画不是水墨画而是用色鲜艳的着色山水，也就是青绿山水画（图4-19）。然而，这里的青绿山水与唐代以来的青绿山水有所不同，是融入了两宋以来新的笔墨技法的着色山水。山峰具有厚重的质感，山上画出房屋建筑，山中有树木，岩石施以皴法，多用石青和石绿色染出，山峰背后画出的树木远景有白云掩映，与榆林窟第3窟的树木画法一致。山峦的形式及色彩晕染等技法与南宋和元代青绿山水传世品接近。此窟的壁画多为藏密内容，其中一些说法图或曼荼罗等画面中也有山水背景，但在这些画面中，山水树木往往以装饰图案的形式表现出来，这也是十分有意味的。如北壁白度母曼荼罗，背景的

图 4-18　榆林窟第 2 窟东壁北侧　水月观音

图 4-19　榆林窟第 4 窟东壁南侧　山水

图 4-20 榆林窟第 4 窟北壁 白度母曼荼罗

山峦画出五个山峰，这些山峰都由一块块几何形的岩石组成，以石青、石绿、赭石等颜色相间染出，颇具装饰性（图 4-20）。山峰上部白云环绕，白云也具图案效果。

西夏、元代的山水画虽然数量不多，但由于时代的变迁，比起五代北宋时期，此时与内地的文化交流显然有了很大的发展，出现了较多的新艺术风格和表现技法，正可与两宋和元代传世山水画作品进行比较。榆林窟西夏和元代的洞窟，在艺术上具有较高的造诣，一改五代以来敦煌壁画因循守旧的倾向，可以说是异军突起，不仅在人物画方面出现了十分精彩的作品，而且在山水画方面留下了十分珍贵的资料，对于研究中国山水画史来说意义重大。

小 结

莫高窟进入五代以后，由于丝绸之路的交通已失去了隋唐时代那样的繁荣，敦煌处于一个相对封闭的状况，尤其是与中原的交往受到很大的局限，缺乏强大的中原文化支持，敦煌本地的文化艺术不可避免地走向衰落。曹家的一些大型洞窟保持着一定的艺术水准，但缺乏创造力。五代北宋时期中原绘画艺术的巨大变化，在此时的敦煌壁画中基本上没有反映出来。直到西夏占领敦煌，带来了一些新的样式，展示了两宋绘画的新风格，榆林窟第 3 窟、第 29 窟等处壁画，也成为宋元时期中国山水画巨变的重要见证。

结束语

　　山水画是中国传统绘画的重要方面，自魏晋南北朝山水画兴起，经历了隋唐，及至宋元。如范宽、郭熙、马远、夏珪等著名的画家，基本上都以山水见长。但由于五代以后中国绘画发生了重大的变化，形成了与隋唐绘画的巨大差异，这种差异首先体现在绘画的载体，隋唐那些著名画家的作品多在壁画中，如阎立本、吴道子、李思训等画家，往往于殿堂（或寺观）壁画中留下其代表之作。作为卷轴画的作品极少。而宋元时代的著名画家基本上不在寺院作壁画了，他们的作品大都是纸本或绢本绘画，也就是所谓卷轴画。其次在画法上有了巨大的变化。由于材质的差异，隋唐壁画那种厚重的颜料，在纸本绢本绘画中使用较少，而水墨的技法却因为纸、绢材料的优势而得以迅猛发展，于是水墨山水画不断进步，变得丰富多姿。甚至在不适于画水墨的壁画中也画出了水墨山水，说明水墨画已成时代的潮流。

　　唐朝朱景玄《唐朝名画录》中盛赞李思训，称他为"国朝山水第一"。张彦远《历代名画记》虽然也赞许王维等画家所画水墨山水，但他最推崇的仍是以李思训为代表的青绿山水。在讲到有关水墨的画法，"如山水家有泼墨，亦不谓之画"[1]。可见当时的人是不太认可水墨画的一些画法的。到了五代，荆浩的《笔法记》中只讲水墨画，他所推崇的唐朝山水画家只有张藻，认为张画"笔墨积微，真思卓然，不贵五彩，旷古绝今，未之有也"[2]。表明五代以后，人们对那种"不贵五彩"

---

[1]　张彦远《历代名画记》卷二，人民美术出版社，1963 年。

[2]　转引自陈高华编《隋唐画家史料》，文物出版社，1987 年。

的水墨画评价更高。宋代郭若虚《图画见闻志》谈到山水画时写道："画山水，唯营丘李成、长安关仝、华原范宽，智妙入神，才高出类，三家鼎峙，百代标程。前古虽有传世可见者，如王维、李思训、荆浩之伦，岂能方驾近代。"①从以上这些评论看来，从唐代到宋代对山水画的看法（或者说审美观念）经历了一个较大的转折。唐朝人还是喜欢青绿重色的山水画，尽管唐代后期已经出现了水墨山水画，但并不太重视。到了五代，画家们更推崇水墨山水画，而到宋代，就不再把唐朝那些山水画家放在眼里了，因为这个时代不仅山水画完全是以水墨为主，而且像李成、范宽这样的画家创作出了许多重要作品，一方面是树立起了水墨画的笔墨体系，另一更重要的方面是水墨山水的审美体系逐步完善了。唐朝那种只适宜壁画的青绿山水画便不再需要，唐朝那样色彩华丽的审美系统也不再适合新的时代。

五代北宋山水画的变迁，使中国山水画沿着水墨画的道路前行，而逐步忘却了隋唐时代曾经普遍流行的青绿山水这个体系，以及相关联的唐朝绘画的审美精神。直到今天，当人们用宋朝以后的绘画观念来看敦煌唐代壁画时，已不太容易读懂这些精美的画作了。如果我们不从中国绘画史的角度重新来看待敦煌壁画，以敦煌壁画为依据来认识南北朝隋唐的山水画，那么中国绘画史，特别是山水画史就是不完整的。

在敦煌壁画中，山水是人物的背景，故事的点缀，始终没有出现独立意义的山水画。但自唐代以后，壁画中却出现了颇具规模的山水图景，虽然其主题仍然是佛教的内容，但在这些山水景致中，我们可以看出古代画家们对山水自然的热爱，对山水艺术表现的一往情深。汇集这上千年历史中的山水壁画材料，可以较为系统地反映中国山水画艺术变迁的历史，尤其是唐代后期山水画的一些重要的变革，是十分难得的绘画史料。

唐前期，由于阎立本、李思训这样位居高官的大画家都到寺院中画壁画，自然对寺院壁画的发展起到很大的促进作用，而由李思训总结出的青绿山水画艺术也在石窟、寺院壁画中得到广泛的传播。远在西北的敦煌，也深受其影响，出现了极其丰富的青绿山水画。随着唐

---

① 郭若虚《图画见闻志》卷一，人民美术出版社，1963年。

代后期中原山水画艺术的发展变化，带有水墨画意味的山水也广泛出现在石窟之中。这种时代风气影响所及，佛教石窟、寺院的壁画也开始追求这种时尚，于是敦煌壁画的山水画也产生了一系列的变化。唐代画史上著录的山水画家大都没有留下真迹，而从敦煌壁画中正可以看出唐代的山水之变。

　　总之，在敦煌石窟持续营建的一千年间，是中国山水画由萌发到兴盛和转变的时代，特别是南北朝到唐代，那些画史上著名的山水画家的作品几乎都没有保留下来，敦煌壁画就成了探索了解这一时期中国山水画发展的重要依据，世界上还没有任何一处古代遗址保留了这样丰富的山水画资料。迄今为止对敦煌壁画中的山水画研究还是远远不够的，本书也仅仅是按时代理出敦煌壁画山水画的发展线索，进一步深入的研究则有待于后来诸君。

附 录

相关事件及作品年表

4 世纪	酒泉丁家闸墓壁画。
363 年前后	顾恺之活跃。顾氏创作《洛神赋图》等作品有摹本传世。
363 年	莫高窟开凿。
525 年	北魏孝子棺线刻画（美国纳尔逊博物馆藏）
538~539 年	莫高窟第 285 窟开凿，该窟南壁及顶部画有山水画。
581~600 年	展子虔活跃。展画《游春图》有摹本传世（故宫博物院藏）。
704 年前后	新疆阿斯塔那壁画墓。
706 年	陕西乾县懿德太子李重润墓壁画。
706 年	陕西乾县章怀太子李贤墓壁画。
706 年前后	莫高窟第 217 窟壁画。
710 年	陕西富平节愍太子李重俊墓壁画。
713 年	李思训为左羽林将军。李氏创青绿山水画。
716 年	李思训卒。
742~756 年	吴道子于京师大同殿画蜀道山水壁画。
776 年	敦煌莫高窟第 148 窟开凿，本窟南壁、西壁、北壁经变画有大量山水画迹。

783 年	张藻于长安画山水屏风,"破墨未了"。
8 世纪中	陕西富平县唐墓,屏风画山水。
	吐鲁番阿斯塔那墓,六曲屏风画《树下老人图》。
	日本奈良正仓院屏风画《树下美人图》、琵琶捍拨画山水等。
	日本醍醐寺等处藏《绘因果经》。
862~867 年	莫高窟第 85 窟营建。
884~907 年间	荆浩隐居于太行山的洪谷。荆浩作《匡庐图》(台北故宫博物院藏)
940~968 年	辽宁法库叶茂台辽墓山水画轴。
947~951 年	莫高窟第 61 窟《五台山图》。
1023 年前后	范宽来往于长安、洛阳间。范氏作《溪山行旅图》《临流独坐图》等(台北故宫博物院藏)
1036 年	西夏占领敦煌。
1038 年	元昊称帝,国号"大夏"。
1066 年以后	郭熙活跃于画坛。
1072 年	郭熙作《早春图》《关山春雪图》等(台北故宫博物院藏)
1078 年	郭熙作《窠石平远图》等(故宫博物院藏)
1080 年	吉林哲里木盟库伦旗一号辽墓壁画。
1100 年	赵令穰作《湖庄清夏图》(美国波士顿美术馆藏)。
1127 年	赵构建立南宋。
1130 年	米友仁作《云山图卷》(美国克里福兰美术馆藏)
1134 年	米友仁作《远岫晴云图》(日本大阪市立美术馆藏)
	米友仁作《潇湘奇观图卷》(故宫博物院藏)
1158 年	山西省繁峙县岩山寺金代壁画。
1170 年	舒城李氏作《潇湘卧游图卷》(日本东京国立博物馆藏)
1174~1189 年	马远进入画院。
1184 年	甘州画师高崇德在榆林窟绘制"秘密堂"。
1193 年	榆林窟第 29 窟建立。

1194~1224 年	马远、夏圭、李嵩等并为画院待诏。
1227 年	西夏灭亡。
1228 年	武元直作《赤壁图卷》。
1265 年	山西省大同市冯道真墓山水壁画。